Erzähltexte

Gedichte

Gebrauchstexte

Welcher Titel gehört zu welchem Bild?
Schreibe die Nummer des Titels unter das passende Bild.

1. Das Tor bleibt sauber
2. Spielaufbau
3. Ein Stürmer zieht ab
4. Freistoß
5. Grätsche am Gegner
6. Der Trainer jubelt
7. Verwarnung
8. Ein Spielfeld
9. Ecke mit Eckfahne
10. Ausverkauft
11. Wir haben den Pokal!
12. Beim Training
13. Unser Kapitän
14. Zwei Auswechselspieler

Kennst du dich aus?
Setze die Nummern richtig ein.

Gefährliches Spiel	1	Eckstoß	2	Strafstoß	3
Kopfballtorjäger	4	dribbeln	5	grätschen	6
Mittelfeldspieler	7	Schwalbe	8		

Dabei wird der Gegner mit dem Ball am Fuß umspielt. ___

Er springt sehr hoch, trifft den Ball genau mit der Stirn und schießt ihn ins Tor. ___

Er stellt die Verbindung zwischen Abwehrspielern und Stürmern her. ___

Ein Spieler hebt zum Beispiel das Bein gefährlich hoch. ___

Der Ball wird aus dem Viertelkreis in der Ecke des Spielfeldes abgestoßen. ___

Sehr riskant! Er will dem Gegner den Ball abnehmen, rutscht dabei in dessen Lauf und nimmt ihm – ohne ihn zu berühren – den Ball ab. ___

Das ist kein Vogel! Ein Spieler versucht ein Foul vorzutäuschen, indem er sich im gegnerischen Strafraum fallen lässt. ___

Das ist eine vom Schiedsrichter verordnete Spielstrafe. ___

1 **Setze die Silben richtig zusammen. Schreibe die Fußball-Wörter auf.**

2

TER TENT RICH SIS SCHIEDS AS

Fußball-Suchsel

S	D	T	R	I	K	O	T	X	U	T	S	W	L	A
Q	V	O	U	E	M	P	W	Y	K	U	F	S	P	G
L	T	R	A	I	N	E	R	Q	A	R	Y	T	E	K
R	Z	W	I	M	P	E	L	S	P	N	G	Ü	L	L
O	S	A	T	R	W	U	I	R	I	I	C	R	F	C
D	Z	R	B	G	E	L	N	W	T	E	F	M	M	V
Y	M	T	B	M	C	F	K	S	Ä	R	O	E	E	R
B	A	H	K	S	K	L	W	Q	N	I	U	R	T	R
U	S	A	B	S	E	I	T	S	F	A	L	L	E	Y
B	U	N	D	E	S	L	I	G	A	D	T	N	R	J
K	A	D	M	Z	E	B	Q	V	N	W	L	Y	R	U
N	A	S	I	O	F	R	V	N	M	S	A	E	Z	T
F	S	C	H	I	E	D	S	R	I	C	H	T	E	R
K	L	H	A	M	N	W	K	D	J	H	A	E	Q	I
K	F	U	L	V	E	R	E	I	N	Ü	Q	L	M	B
Y	K	H	L	X	Q	I	L	E	W	T	E	A	M	Ü
S	C	Q	U	T	O	R	N	E	T	Z	W	I	Z	N
E	I	N	W	U	R	F	K	S	C	E	V	B	Z	E
Q	R	L	Y	C	Q	Z	U	S	C	H	A	U	E	R
W	G	H	M	A	U	E	R	Q	N	A	O	V	W	Y

Suche die folgenden Wörter.

Tornetz Fan Verein Zuschauer Mauer Schiedsrichter
Abseitsfalle Torwarthandschuh Wimpel Foul
Ecke Turnier Bundesliga Team Stürmer Elfmeter
Schütze Tribüne Kapitän Einwurf Trikot Trainer

In einer Fußballmannschaft zu spielen bedeutet für jeden Mitspieler, sich an vorgegebene Regeln zu halten und Rücksicht auf seine Teamkollegen zu nehmen.

Welche Regeln ergeben einen Sinn? Kreuze sie an.

- ☐ Wir respektieren die anderen.
- ☐ Wir gehen aufeinander zu und helfen uns.
- ☐ Wir beleidigen uns gegenseitig.
- ☐ Wir hören einander zu.
- ☐ Wir achten auf unsere Sprache und Ausdrücke.
- ☐ Wir beschuldigen andere Mitspieler.
- ☐ Wir halten unsere Trikots und Schuhe in Ordnung.
- ☐ Wir ernähren uns als Sportler gesund.
- ☐ Wir bekommen bei Niederlagen einen Wutanfall.
- ☐ Wir kommen ausgeschlafen zu einem Spiel.
- ☐ Wir nehmen regelmäßig und diszipliniert am Training teil.
- ☐ Wir lachen über Fehler unserer Mitspieler.
- ☐ Wir nehmen wenig Rücksicht auf unsere Mitspieler.
- ☐ Wir behandeln andere so, wie wir selbst behandelt werden möchten.
- ☐ Wir meckern, wenn der Schiedsrichter einen Regelverstoß anzeigt.
- ☐ Wir zeigen im Spiel Kampfgeist und Einsatzbereitschaft.
- ☐ Wir trainieren fleißig und ehrgeizig.
- ☐ Wir sind untereinander ehrlich und aufrichtig.
- ☐ Wir weisen keine Schuld zu.
- ☐ Wir halten uns an Abmachungen.
- ☐ Wir vertragen uns nach einer Aussprache wieder.
- ☐ Wir zeigen uns wenig hilfsbereit.

Niko ist begeisterter Fußballspieler. Als er vor vier Wochen nach Oberhausen zog, erkundigte er sich gleich nach dem örtlichen Fußballverein. Er hatte Glück, denn Nachwuchsspieler waren hier höchst willkommen.

Nun trainiert er bereits seit drei Wochen im TSC Grünhausen. Der Trainer, Herr Müller, weist ihm eine Spielposition als Verteidiger zu. Am liebsten wäre Niko wieder Stürmer gewesen oder zumindest Mittelfeldspieler.
„Ich kann super Pässe schlagen und Tore schießen!“, erklärt er Herrn Müller.
„Wir werden sehen, welche Position sich für dich eignet“, meint dieser.
Und damit ist das Gespräch vorerst beendet.
Heute ist es endlich soweit! Nikos erstes Punktspiel im neuen Team.
Vor dem Spiel sitzen die Kinder mit Herrn Müller zur Besprechung im Kreis. „Es bleiben alle auf ihren Positionen“, erklärt er seinen Kickern. „Nur Niko ist Ersatzspieler und bleibt auf der Bank.“ Niko schießen die Tränen in die Augen. Was hat er falsch gemacht? Aber schon legt sich das Team die Arme um die Schultern und singt das Mannschaftslied.
Die erste Halbzeit des Spiels verläuft torlos. Auch nach der Pause will keine der Mannschaften so richtig angreifen. Doch plötzlich dribbelt sich Paul vom TSC frei und läuft mit dem Ball in Richtung Strafraum. Ein Spieler aus der gegnerischen Mannschaft versucht ihn mit einer Grätsche zu stoppen. Paul schreit auf und stürzt. Der Schiedsrichter pfeift.
Paul muss ausgewechselt werden.
„Jetzt zeig, was du kannst“, sagt der Trainer und klopft Niko auf den Rücken.
Niko springt auf. Er darf in den Sturm! Hastig umarmt er Paul und schon ist er mittendrin. Jetzt kommt Bewegung ins Spiel. „Nur noch zehn Minuten Spielzeit“, durchfährt es ihn. Da passt Lukas ihm das Leder vor die Füße.
„Es muss klappen“, denkt Niko, rennt in Richtung Tor und zieht ab …

Markiere die 20 Unterschiede in diesem Text.

Niko ist begeisterter Fußballer. Als er vor drei Wochen nach Oberhausen zog, erkundigte er sich gleich nach dem örtlichen Fußballclub. Er hatte Glück, denn Nachwuchsspieler waren hier sehr willkommen.

Nun trainiert er bereits seit zwei Wochen im TSC Grünhausen. Der Trainer, Herr Müller, weist ihm eine Spielposition als Verteidiger zu. Am liebsten wäre Niko wieder Stürmer gewesen oder zumindest Mittelfeldspieler.
„Ich kann super Pässe schlagen und Tore schießen!“, erklärt er dem Trainer.
„Wir werden sehen, welche Position sich für dich eignet“, meint dieser.
Und damit ist das Gespräch zunächst beendet.
Nun ist es endlich soweit! Nikos erstes Punktspiel im neuen Verein.
Vor dem Spiel sitzen die Kinder mit Herrn Müller zur Besprechung in der Kabine. „Es bleiben alle auf ihren Positionen“, erklärt er seinen Kickern. „Nur Niko ist Ersatzspieler und bleibt auf der Bank.“ Niko schießen die Tränen in die Augen. Was hat er falsch gemacht? Aber schon legt sich das Team die Arme um die Schultern und singt das Mannschaftslied.
Die erste Halbzeit des Spiels bleibt torlos. Auch nach der Pause will keine der Mannschaften so richtig angreifen. Doch auf einmal dribbelt sich Paul vom TSV frei und rennt mit dem Ball in Richtung Strafraum. Ein Spieler aus der anderen Mannschaft versucht ihn mit einer Grätsche zu stoppen. Paul schreit auf und fällt hin. Der Schiedsrichter pfeift.
Paul muss ausgewechselt werden.
„Jetzt zeig, was du kannst“, sagt der Trainer und klopft Niko auf die Schulter.
Niko springt auf. Er darf in den Sturm! Schnell umarmt er Paul und schon ist er mittendrin. Jetzt kommt Bewegung ins Spiel. „Nur noch zwölf Minuten Spielzeit“, durchfährt es ihn. Da passt Lukas ihm den Ball vor die Füße.
„Es muss klappen“, murmelt Niko, rennt in Richtung Tor und zieht ab …

Was wird hier gespielt?

1

Rennen vierundvierzig Beine
auf dem Rasen hin und her.
Alle Großen und auch Kleine
finden dieses Spiel nicht schwer.

2

Einen Ball nur gibt's für alle,
alle streiten sich darum.
Mancher tappt in eine Falle,
sitzt am Feldrand und schaut dumm.

3

Wer das Runde sich erkämpft hat
rennt und stürmt nach vorne vor.
Kickt das Leder durch die Beine,
zielt und schießt ganz schnell aufs Tor.

4

Jubelnd stehn die Fans in Wogen.
Doch was ist das, kann das sein?
Kommt der Tormann angeflogen,
hält den Ball, lässt ihn nicht rein.

5

Und so geht das Spiel zu Ende.
Alle Kicker werden matt.
Groß steht morgen in der Zeitung,
wer das Match gewonnen hat.

1 **Um welche Sportart handelt es sich in diesem Gedicht?**

____

2 **Welche weiteren Begriffe findest du für das Wort „Ball“?**

______________ ______________

3 **Welchem Reimschema folgen drei Strophen?**

☐ AABB ☐ ABBA
☐ ABAB ☐ BBAA

4 **Welche Strophen haben das Reimschema ABCB?**

Strophen: _____ und _____

5 **Ordne folgende Aussagen den richtigen Strophen zu.**

- Ein Spieler bereitet ein Tor vor. Strophe: _____
- Der Schiedsrichter schickt einen Spieler vom Feld. Strophe: _____
- Das Publikum feuert die Mannschaft an. Strophe: _____
- Zweiundzwanzig Spieler laufen auf dem Feld. Strophe: _____
- Ein Reporter schreibt über den Spielverlauf. Strophe: _____

6 **Welche Zeile steht so im Text? Kreuze an.**

☐ Groß steht gestern in der Zeitung, …
☐ Groß steht heute in der Zeitung, …
☐ Groß steht morgen in der Zeitung, …

7 **Was bedeutet diese Aussage:** Jubelnd stehn die Fans in Wogen.

☐ Die Zuhörer wiegen sich zur Musik.
☐ Das Publikum macht eine Welle.
☐ Die Zuschauer stehen im Wasser.

Lustige Fußballbörse

Vergleiche die gesuchten und die angebotenen Dinge.
Welche Anzeigen passen zusammen?
Trage die richtigen Buchstaben auf der rechten Seite ein.

Suche …

A
Quadratischer Ball zur Ausübung einer besonderen Fußballspielweise gesucht.

B
Suche Ball mit Unterschriften der schlechtesten Torschützen unter allen Nationalspielern.

C
Suche Selbstreinigungsschuhe, da ich das Putzen der Fußballschuhe äußerst mühsam finde.

D
Wer hat Schuhe, die von selber laufen?

E
Suche Gerät für Fußballfans, das die eigene Sprache lauter werden lässt.

F
Suche Ball in bestimmter Farbe. Er sollte sich im Sommer aufgrund seiner Farbe vor dem Gegner tarnen können.

G
Suche Schuhe mit eingebauten Federn.

H
Wer hat Flughandschuhe, die dem Ball entgegenfliegen, sobald er auf das Tor zusteuert?

Biete an ...

Biete eleganten Ball,
rollt bestens.
Farbe: grasgrün

Sie sind gehfaul und wenig anstrengungsbereit?
Sie wollen trotzdem gewinnen?
Dann haben wir für Sie den richtigen Schuh!

Flott und sauber – unser Schuh hat eine automatische Dusche eingebaut. Bei Bedarf legt sie auf Knopfdruck los und sprüht ihren Schuh porentief rein.

Sie suchen das Besondere?
Sie wollen, dass ihr Ball auch einmal liegen bleibt und nicht dauernd davonrollt?
Dann wählen Sie Cornerball, den Ball mit Ecken und Kanten.

Biete Megafon mit Lautstärkeregler – damit sie auch morgen noch kräftig schreien können.

Vorbei am Tor!
Der „Glückliche-Verlierer-Ball“ mit allen Spielern der Welt, die das Tor so gut wie nie getroffen haben.

Gefahr vor dem Tor?
Kein Problem! Diese Torwarthandschuhe lösen sich automatisch von Ihren Händen und stoppen den Ball!

Einmal über den Gegner gesprungen und schon haben Sie freie Sicht auf das Tor.
Hüpflischuh – der Schuh der sprunghaften Zukunft.

Fußballerlebniscamp

E-Mail

Datei Bearbeiten Ansicht Extra Nachricht

Senden

An:

Betreff:

Lieber Onkel Markus,

1 herzlichen Glückwunsch zu deinem Geburtstag!
Leider kann ich mich erst jetzt bei dir melden, da ich mit meinem Freund Nico fünf Tage lang im Fußballerlebniscamp Neumarkt war. Es war so wunderschön, dass ich dir gerne ein bisschen davon berichten möchte.

2 Im Camp trafen sich 96 Jugendliche im Alter von 8 bis 15 Jahren. Nach der Begrüßung wurden wir in sechs Gruppen aufgeteilt. Sie waren nach den WM-Teilnehmermannschaften Argentinien, Brasilien, Deutschland, Uruguay, Niederlande und Spanien benannt. Wir gehörten zur vorletzten Mannschaft.

3 Dann richteten sich alle in den zugewiesenen Zweimannzelten häuslich ein. Anschließend hieß es: Antreten zur ersten Trainingseinheit. Nach den schweißtreibenden Übungen stürzten wir uns in die Fluten des nahegelegenen Tannensees. Wir hatten einen Riesenspaß!

4 Jeden Tag fanden die Trainingseinheiten statt. Unsere Trainer zeigten uns spielerische Tricks und gaben wertvolle Tipps zur Weiterentwicklung unserer Fußballtechnik. Die Schwerpunkte im Trainingslager waren Passtraining, Schusstechnik, Übungen zur Ballannahme und -mitnahme sowie Torschussübungen.

5 Am letzten Tag spielten wir „Fußball-Golf“. Einmal musste der Ball sogar in den Kofferraum eines alten Autos geschossen werden. Abends fanden dann ein Grillfest und die Preisverleihung statt. Unsere Mannschaft schaffte den zweiten Platz. In dieser Nacht schliefen wir alle tief und fest. Im nächsten Jahr sind wir bestimmt wieder mit dabei!

Bis bald!
Es grüßt dich ganz herzlich

dein Alexander

Zu welchen Abschnitten passen diese Aussagen?

- [ ] Tipps und Tricks zur Weiterentwicklung der Fußballtechnik werden fachmännisch erklärt.
- [ ] Grillfest und Preisverleihung bilden den krönenden Abschluss des Fußballerlebniscamps.
- [ ] Das fünftägige Fußballcamp in Neumarkt ist ein sehr schönes Erlebnis.
- [ ] Einige Schwerpunkte der Trainingseinheiten sind Schusstechnik und Ballübung.
- [ ] Alle Teilnehmer sind in Zweimannzelten untergebracht.
- [ ] Die Jugendgruppen werden nach den Teilnehmermannschaften der Weltmeisterschaft benannt.
- [ ] Das Camp eignet sich für Jugendliche von 8 bis 15 Jahren.

- [ ] Tägliche Trainingseinheiten werden vom ersten Tag an garantiert.
- [ ] Zum Abschluss beteiligen sich alle an einer neuen Sportart. Dabei muss der Ball oft in merkwürdige Ziele geschossen werden.
- [ ] Großen Badespaß bereiten Ausflüge an den nahe gelegenen Tannensee.
- [ ] Die Übungseinheiten werden mit durchschnittlich 16 Spielern durchgeführt.

Schreibe zu jedem Witzanfang den Buchstaben des passenden Witzendes. Du erhältst ein Lösungswort.

☐ Fragt ein Fan den anderen: „Weißt du den Unterschied zwischen unserer Mannschaft und einem Würfel?

☐ Der Nachwuchs-Stürmer fragt den Vereinspräsidenten: „Wie viel werde ich verdienen?“ Er bekommt zur Antwort: „Zuerst 3000 € monatlich, dann mehr.“

☐ Lehrer: „Wer kennt berühmte Männer mit „B“? Fritzchen: „Ballack, Beckenbauer …“ Lehrer: „Ich dachte eher an Beethoven …“

☐ Was ist der Unterschied zwischen einem Bankräuber und einem Profi-Fußballer?

☐ Kurz vor Beginn des Endspiels kommt ein Fan zum Kartenhäuschen und möchte noch ins Stadion. Sagt die Kassenfrau: „Es ist alles ausverkauft, bis auf den letzten Platz!“

☐ Was ist der Unterschied zwischen einem Fußgänger und einem Fußballer?

„Kenne ich nicht. In welchem Verein spielt der?“ **s**

„Dann geben sie mir halt den!“ **o**

„Würfel haben mehr Punkte.“ **A**

Der eine muss bei Grün, der andere bei Rot gehen. **ß**

„Dann komme ich später wieder!“ **n**

Der eine sagt: „Geld her oder ich schieße!“ Der andere sagt: „Geld her oder ich schieße nicht!“ **t**

Lösungswort: ______________

Welche Rufe ergeben einen Reim? Male die Siegesrufe des Trainers und der Mannschaft in der gleichen Farbe an.

Das ruft der Trainer:

Eintracht,
Brüderlichkeit,
…

Vorwärts,
vorwärts immerzu!

Wir sind
doch keine Angsthasen,
mutig sind wir und
sehr schnell!

Feigling, Feigling,
ruft hier keiner!
Denn wir sind bereit,
…

Vor, vor, vor!

Schnell die Beine,
klug der Kopf, …

Wir sind wir,
wir sind wir!

Das ruft die Mannschaft:

Wir schießen
noch ein Tor!

Schweben übern
grünen Rasen,
ziehn dem Gegner
ab das Fell!

Wir sind
stärker als
ein Stier!

… jetzt
und jederzeit!

… zum Sieg
sind wir bereit!

… wir spielen
keinen alten Zopf!

Heute, morgen, jederzeit,
ja der Sieg ist nicht mehr weit,
lauft und schießt ganz schnell,
im Nu!

Das Maskottchen des Fußballvereins 1. FC Köln ist der Geißbock Hennes. Am 13. Februar 1950 überreichte eine Zirkusdirektorin dem Spielertrainer Hennes Weisweiler einen Geißbock. Der Mann nahm das Tier auf den Arm. Da pinkelte es ihm auf sein Hemd. Nun taufte man das Tier Hennes. Seither läuft bei den Spielen des 1. FC Köln ein echter Geißbock auf dem Spielfeld auf. Die Mannschaft hat jetzt den Spitznamen „die Geißböcke".

Der Löwe ist im Vereinswappen der bayerischen Mannschaft 1860 München enthalten. Hier orientierte man sich an der Symbolfigur Bayerns, dem bayerischen Löwen. Er steht für Ausdauer und Mut. Oft wird diese Mannschaft auch einfach nur „die Löwen" genannt.

Nach jedem Tor, das der MSV Duisburg schießt, wird der „Zebratwist" gesungen. Das ist ein Lied, das die Fans seit vielen, vielen Jahren singen. Das Maskottchen der Duisburger ist entsprechend ein Zebra und der Verein wird „die Zebras" genannt. Auch die Trikots des MSV haben „Zebrastreifen", allerdings blau-weiße.

Borussia Mönchengladbach hat als Maskottchen das Fohlen Jünter. Der Name geht zurück auf den Namen eines Spielers, der lange bei Mönchengladbach gespielt hat: Günter Netzer. Das Fohlen hat ein Trikot an, auf dem die Nummer 10 steht.

„Willi Wildpark" heißt das Maskottchen des Karlsruher SC. Hier handelt es sich um ein Wildschwein, das ein Trikot mit der Rückennummer 94 trägt. Der Name „Willi" lehnt sich an den Namen „Winni" an. Ein Trainer der Mannschaft hieß nämlich Winfried (Winni) Schäfer.

1 Schreibe den passenden Verein unter die Maskottchen.

2 Was ist richtig? Kreuze richtige Sätze an.

- ☐ Hennes Weisweilers Hemd wurde von einem Tier schmutzig gemacht.
- ☐ Zwei Maskottchen haben eine Nummer auf ihrem Trikot.
- ☐ Trainernamen und Maskottchennamen stimmen öfter überein.
- ☐ Der TSV 1860 München schreibt sich selbst Ausdauer und Mut zu.
- ☐ Das Trikot des MSV Duisburg ist schwarz-weiß gestreift wie ein Zebra.
- ☐ Zwei Vereine werden nach ihren Maskottchen benannt.
- ☐ Ein Verein hat ein lebendes Tier als Maskottchen.
- ☐ Borussia Mönchengladbach hat ein Pony als Maskottchen.
- ☐ Der „Zebratwist“ wird seit kurzer Zeit von den Fans des TSV Duisburg gesungen.

Der Chefredakteur und der Sportreporter sind krank. Deshalb berichtet der neue Praktikant von den letzten Spielen der Fußball-Weltmeisterschaft.

… Heute fanden die letzten Spiele des Achtelfinales statt. Bei dieser Weltmeisterschaft kam es auch unter den verbliebenen 16 Mannschaften zu einigen überraschenden Ergebnissen. Beim Spiel Brasilesien gegen Italillien stand es nach dem Abpfiff 2:1. Die Begegnung Argentizien gegen Polonien endete 3:2. Inglandistan verlor 0:1 gegen Japanne, was keiner vorher je gedacht hätte. Die Kontrahenten Frankskia und Portugalle trennten sich mit einem Ergebnis von 4:2.

Bereits gestern fanden die folgenden Begegnungen statt: Ungaristan schlug die ehemaligen Europameister aus Spanusien knapp mit 2:1. Die beiden Nationalteams der Schwitz und Grieeklandiens trennten sich 0:3. Südkorenien besiegte die Inselfußballer von Irlanien 1:0. Und schließlich noch für uns besonders interessant: Deutschonien blieb im Duell gegen den Nachbarn Niederlandesien Sieger mit 2:1.

1 **Warum berichtet der Praktikant von der WM?**

- ☐ Weil der Sportredakteur keine Zeit hat.
- ☐ Weil seine beiden Vorgesetzten krank sind.
- ☐ Weil der Chefredakteur und der Sportreporter im Urlaub sind.

2 **Unterstreiche alle verdrehten Ländernamen im Text.**

3 **a) Wie heißen die unterstrichenen Länder in Wirklichkeit? Kreise ein.**

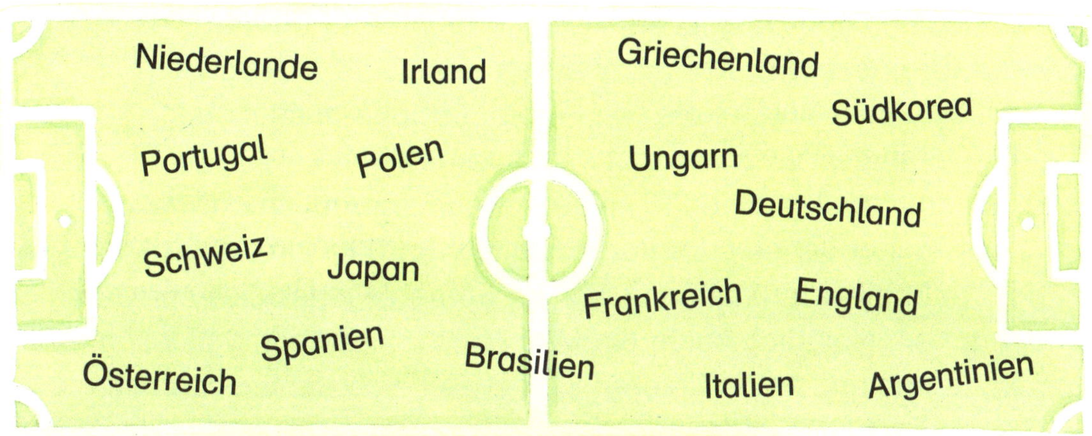

b) Welches Land bleibt übrig und hat somit nicht teilgenommen?

____

4 **Welche acht Länder sind ins Viertelfinale weitergekommen?**

____

____

____

5 **In wie vielen Spielen fielen drei Tore?**

In ______ Spielen

Feiere doch einmal einen Fußballgeburtstag. Das ist endlich ein sportliches Motto für eine Party und gefällt dir und auch allen Fans dieses Sports.
Eine Einladung hierzu kannst du in Form eines Fußballs oder eines Tors verschicken. Auch ein Bild von dir im Fußballdress ist eine Möglichkeit. Bitte deine Gäste, unbedingt in Sportkleidung zu kommen!
Dekoriere den Raum mit Fußball-Wimpeln und Girlanden in deinen Vereinsfarben. Mit einem Stück Kunstrasen (gibt es im Baumarkt) sieht der Tisch gleich aus wie ein Spielfeld. Kleine Bälle und Trillerpfeifen vervollständigen den Tischschmuck.
Zu essen gibt es kleine, runde Fußball-Hackbällchen, Hot Dogs wie im Stadion, eine Deutschland-Obsttorte in den Farben Schwarz (Brombeeren), Rot (Himbeeren) und Gold (Pfirsiche).
Auch Muffins oder Torten, die wie halbe Fußbälle aussehen, sind eine tolle Idee. Rezepte gibt's im Internet!
Bevor ihr das Spielen anfangt, solltet ihr euch gründlich aufwärmen, damit sich keiner verletzt. Ihr könnt Staffeln und Geschicklichkeitsspiele mit dem Fußball veranstalten. Auch ein Elfmeter- oder Zielschießen kommt gut an. Natürlich sollte ein Mini-Match mit zwei möglichst gleich starken Teams und zwei kürzeren Halbzeiten nicht fehlen, wenn ihr die Gelegenheit habt, auf einer Wiese oder einem Spielfeld in der Nähe zu kicken.
Stimmungsvoll ist es schließlich noch, wenn du Fußball-Lieder besorgen kannst, die im Hintergrund laufen.

1 **In welcher Reihenfolge kommen die Tipps im Text vor? Nummeriere.**

_____ Essen _____ Programm _____ Einladung

_____ Dekoration _____ Musik

2 **Warum heißt der Kuchen „Deutschland-Obsttorte"?**

- ☐ Weil deutsche Fußballer gerne Obsttorten essen.
- ☐ Weil Obsttorten für Deutsche gesund sind.
- ☐ Weil die Torte in den Farben der deutschen Flagge gestaltet ist.
- ☐ Weil der Kuchen in Deutschland gebacken wurde.

3 **Wie heißen die Wörter aus dem Text, die die gleiche Bedeutung haben? Oft sind es Fremdwörter. Schreibe sie auf.**

Fest _____

Anhänger _____

Wahlspruch _____

Teams _____

schmücken _____

Fußballbekleidung _____

Brötchen mit Würstchen darin _____

dreieckige Fahne _____

kleines Spiel _____

kleine Kuchen _____

Das Guiseppe-Meazza-Stadion ist das größte Fußballstadion in Italien. Es wurde nach einem erfolgreichen Fußballspieler benannt. 82955 Zuschauer können darin Spiele anschauen. Insgesamt elf Türme sind am Stadion zu sehen. Es steht in Mailand.

Der Ibrox Park ist ein Fußballstadion, das zum Teil von außen wie ein breites, hohes Haus oder ein Bahnhof aussieht. Die rote Wand und die großen Fenster lassen nicht gleich den Schluss zu, dass hier Fußball gespielt wird. Immerhin haben aber 50467 Leute darin Platz. Die Bezeichnung des heimischen Vereins „Glasgow Rangers" enthält im ersten Teil den Namen der schottischen Stadt, in dem das Stadion steht.

Der Signal Iduna Park ist das größte Stadion Deutschlands. Es fasst 80720 Zuschauer. Das Stadion mit den gelben Pylonen (Pfeilern) steht in Dortmund. Die Borussia spielt dort ihre Heimspiele.

Im Wembley-Stadion in London haben 90000 Zuschauer Platz. Es ist gut an dem 133 Meter hohen Bogen zu erkennen, der über das Stadion führt. Es ist das zweitgrößte Stadion Europas.

In Bayerns Landeshauptstadt steht die Allianz-Arena. Normalerweise hat das Stadion eine weiße „Haut". Spielt der FC Bayern München, färben sich die weißen Waben rot. 69901 Plätze hat das Stadion. Es wurde im Jahre 2005 in Betrieb genommen.

Mário Filho war ein brasilianischer Journalist. Nach ihm wurde das Fußballstadion mit dem Namen Estádio Jornalista Mário Filho benannt. Es steht in Rio de Janeiro. Etwa 100000 Zuschauer passen in das eiförmige Stadion. Blaue Verstrebungen sind an der Außenseite in regelmäßigen Abständen zu sehen.

(1) Trage die Namen der Stadien ein und die Städte, in denen sie stehen.

Name: ______________________
Stadt: ______________________

Name: ______________________
Stadt: ______________________

Name: ______________________
Stadt: ______________________

Name: ______________________
Stadt: ______________________

Name: ______________________
Stadt: ______________________

Name: ______________________
Stadt: ______________________

2 Unterstreiche im Text die Namen der Stadien, die gemeint sind. Verwende die angegebene Farbe.

Rot: Dieses Stadion kann sich verfärben.

Schwarz: Dieses Stadion ist nach einem Mann benannt, der selbst nicht hauptberuflich Fußball spielte.

Grün: Dieses Stadion hat von den genannten Stadien die zweitmeisten Zuschauer.

Lukas trickste die Gegner aus und schoss das entscheidende Tor. Die Menge jubelte. Alle waren begeistert: Lukas war einfach ein genialer Fußballspieler. Fußball war sein Leben. Mädchen interessierten ihn überhaupt nicht. Die störten nur beim Fußballspielen.

Tamara fand Lukas trotzdem klasse. Zu gerne hätte sie ihn näher kennengelernt. „Was soll ich nur zu ihm sagen?“, fragte sie ihre Freundin und schoss dabei gedankenverloren den Ball auf die Torwand.
„Sag was über sein Fußballspiel!“, riet ihre Freundin Laura.
Eine halbe Minute später kam Lukas an der Torwand vorbei.
Tamara schoss voll gegen die Wand. Lukas schüttelte den Kopf.
„He, Lukas“, sagte Tamara und dachte an Lauras Vorschlag, „Du spielst Fußball.“ Lukas runzelte die Stirn und ging weiter.
„So ein Blödsinn!“, lachte Tamara los, als er weg war.
„Wenn er wieder kommt, sag was über seine Beine. Was Nettes!“

Am nächsten Tag kam Lukas prompt wieder an der Torwand vorbei. Tamara schoss auf den Kreis. Als sie Lukas sah, flog der Ball meterhoch über die Torwand. Verwirrt sah ihm Tamara nach, blickte dann zu Lukas und sagte: „Du hast fette Beine!“
Lukas schüttelte den Kopf und lief weiter.
„Oh Mann!“, rief Laura, „Das ist doch nichts Nettes!“

So ging das zwei Wochen lang weiter, bis es Laura zu dumm war, Ratschläge zu geben und Tamara aufgegeben hatte, weil Lukas nur immer kopfschüttelnd an ihr vorbeilief. Heute konzentrierte sie sich auf ihre Torwand und beachtete Lukas überhaupt nicht. Sie fand Gefallen daran, den Ball zu treffen und schaffte es, das runde Leder zehnmal hintereinander durch das Loch in der Torwand zu schießen.
Da hörte sie hinter sich jemanden sagen:
„Das war echt klasse! Du hast es drauf!“
Tamara drehte sich um und traute ihren Augen nicht. Dann grinste sie.

① **Wer spricht am Ende der Geschichte mit Tamara?**

____

② **Wodurch gewann Tamara Lukas Anerkennung? Kreuze an.**

- ☐ Sie machte Lukas nette Komplimente.
- ☐ Sie spielte gut mit den anderen Mädchen zusammen Fußball.
- ☐ Sie spielte gut Fußball an der Torwand.
- ☐ Sie jubelte Lukas zu, als dieser ein Tor schoss.

③ **Schreibe die Zeilennummern auf, in denen du die Antworten auf diese Fragen findest.**

- Was machte Lukas, als Tamara ihn zum ersten Mal ansprach? Zeile: _____
- Was interessierte Lukas überhaupt nicht? Zeilen: ________
- Wie fand Tamara Lukas? Zeile: _____
- Was sagte Tamara bei der zweiten Begegnung mit Lukas zu ihm? Zeile: _____

Tipp: Unterstreiche die Antworten zuerst im Text.

④ **Welche Aussagen passen nicht zur Geschichte? Streiche sie durch.**

- Als Tamara nicht mehr mit allen Mitteln versuchte, etwas Besonderes zu Lukas zu sagen, nahm die Geschichte eine gute Wendung für sie.
- Lukas mochte Mädchen, nur Tamara konnte er nicht ausstehen.
- Laura war nicht daran interessiert, dass sich Tamara mit Lukas anfreundete.
- Tamara fand Gefallen am Umgang mit dem Fußball.

☆

Um das Jahr 1920 nahm der Frauenfußball in vielen europäischen Ländern an Beliebtheit zu. Nur in Deutschland war diese Sportart für Frauen nicht zulässig.

Der erste deutsche Frauenfußballclub wurde offiziell 1930 in Frankfurt gegründet. Da die Frauen aber nur gegen Männermannschaften antreten durften, kam es zu Protesten.
Wegen dieser unfairen Behandlung löste sich der Club nach einem Jahr wieder auf.
Von 1955 bis 1970 bestand ein offizielles Verbot für Frauenfußball.
Man begründete diese Untersagung damit, dass Frauen bei dieser Sportart an Körper und Geist Schaden erleiden würden.

Der Wunsch, den Frauenfußball vollkommen abzuschaffen, ging nicht in Erfüllung. Die Frauen ließen sich ihre fußballerischen Aktivitäten nicht so einfach verbieten. Immer wieder kam es zur Bildung von Damenvereinen, die untereinander inoffizielle Länderspiele abhielten.
Erst 1970 hob der deutsche Fußballverband das Frauenfußballverbot auf.
Anfänglich galten für Frauen noch andere Bedingungen als für Männer:

- *„Das schwache Geschlecht" musste zur Erholung eine Winterpause einlegen.*
- *Stollenfußballschuhe waren nicht erlaubt.*
- *Der Fußball musste klein und leicht sein.*
- *Die Spielzeit durfte insgesamt nur 70 Minuten betragen.*

1989 gewannen die deutschen Fußballdamen zum ersten Mal die Europameisterschaft. Diese und weitere Erfolge waren der Durchbruch. Die deutsche Nationalmannschaft der Frauen ist nun seit Jahren erfolgreicher als die der Männer.
2003 waren sie Weltmeister in den USA und 2007 in China.
Die Weltmeisterschaft im Jahr 2011 fand erstmals in Deutschland statt.

1 **Warum kam es 1930 im Frauenfußballclub zu Protesten?**

____

____

2 **Wie verhielten sich die Damenmannschaften, nachdem sie nur gegen Männer antreten durften?**

☐ sie lösten sich ab ☐ sie lösten sich los ☐ sie lösten sich auf

3 **Wie viele Jahre bestand in Deutschland ein offizielles Frauenfußballverbot?**

____

Wie umgingen die Frauen das offizielle Fußballverbot?

____

4 **Was geschah im Jahr 1989?**

____

____

5 **Welche Bedingungen mussten Frauenmannschaften 1970 erfüllen?**

a) ____

b) ____

c) ____

d) ____

6 **Was unterscheidet derzeit die deutsche Nationalmannschaft der Frauen von der deutschen Nationalmannschaft der Männer?**

____

Kreuze an, ob die Aussagen rund um den Fußball stimmen.

	wahr	falsch
• Das Spiel beginnt mit dem Abpfiff.	☐	☐
• Ein Fußball muss mindestens fünf Kilogramm wiegen.	☐	☐
• Von jeder Mannschaft dürfen höchstens 11 Spieler auf dem Feld sein.	☐	☐
• In Deutschland hat schon einmal eine Fußball-Weltmeisterschaft stattgefunden.	☐	☐
• Es dürfen nur Mädchen Fußball spielen.	☐	☐
• Mit Handschuhen kann der Torwart die Bälle besser fangen.	☐	☐
• Der Trainer einer Mannschaft ist immer auch der Kapitän.	☐	☐
• Das Publikum entscheidet, wer Anstoß hat.	☐	☐
• Nach der Halbzeit werden die Seiten gewechselt.	☐	☐
• Bei einem Spiel treten drei Mannschaften gegeneinander an.	☐	☐
• Jedes Team darf einen eigenen Schiedsrichter auf dem Spielfeld haben.	☐	☐
• Auf dem Platz muss nur ein Tor stehen.	☐	☐
• Der Mannschaftskapitän trägt eine Armbinde.	☐	☐
• Fußballschuhe haben niemals Stollen.	☐	☐
• Bei der Nationalmannschaft darf jeder Spieler sich seine Trikot-Farbe selber aussuchen.	☐	☐

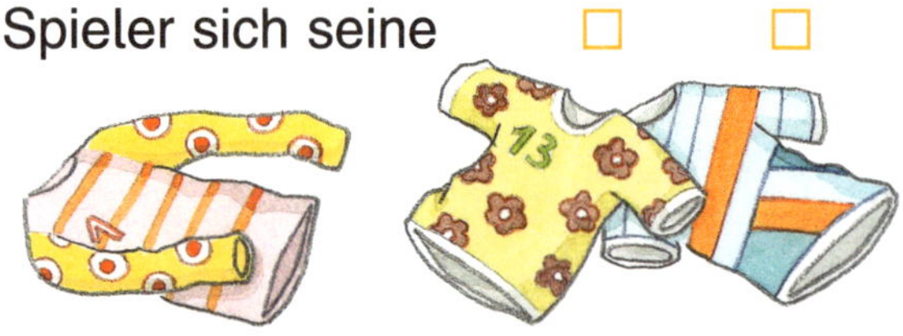

…ns

…en richtig zusammen.

… Fußball-Wörter auf.

Fallrückzieher
Torwarthandschuh
Schienbeinschoner
Mittelstürmer
Weltmeisterschaft
Elfmeterpunkt
Bundesligaspieler
Halbzeitpause
Torwarttrainer
Trainingslager

2

TER TENT RICH SIS SCHIEDS AS

Schiedsrichterassistent

Fußball-Suchsel

S	D	T	R	I	K	O	T	X	U	T	S	W	L	A	
Q	V	O	U	E	M	P	W	Y	K	U	F	S	P	G	
L	T	R	A	I	N	E	R	Q	A	R	Y	T	E	K	
R	Z	W	I	M	P	E	L	S	P	N	G	Ü	L	L	
O	S	A	T	R	W	U	I	R	I	I	C	R	F	C	
D	Z	R	B	G	E	L	N	W	T	E	F	M	M	V	
Y	M	T	B	M	C	F	K	S	Ä	R	O	E	E	R	
B	A	H	K	S	K	L	W	Q	N	I	U	R	T	R	
U	S	A	B	S	E	I	T	S	F	A	L	L	E	Y	
B	U	N	D	E	S	L	I	G	A	D	T	N	R	J	
K	A	D	M	Z	E	B	Q	V	N	W	L	Y	R	U	
N	A	S	I	O	F	R	V	N	M	S	A	E	Z	T	
F	S	C	H	I	E	D	S	R	I	C	H	T	E	R	
K	L	H	A	M	N	W	K	D	J	H	A	E	Q	I	
K	F	U	L	V	E	R	E	I	N	Ü	Q	L	M	B	
Y	K	H	L	X	Q	I	L	E	W	T	E	A	M	Ü	
S	C	Q	U	T	O	R	N	E	T	Z	W	I	Z	N	
E	I	N	W	U	R	F	K	S	C	E	V	B	Z	E	
Q	R	L	Y	C	Q	Z	U	S	C	H	A	U	E	R	
W	G	H	M	A	U	E	R	Q	N	A	O	V	W	Y	

Suche die folgenden Wörter.

Tornetz, Fan, Verein, Zuschauer, Mauer, Schiedsrichter, Abseitsfalle, Torwarthandschuh, Wimpel, Foul, Ecke, Turnier, Bundesliga, Team, Stürmer, Elfmeter, Trikot, Schütze, Tribüne, Kapitän, Einwurf, Trainer

Ein starkes Team

In einer Fußballmannschaft zu spielen bedeutet für jeden Mitspieler, sich an vorgegebene Regeln zu halten und Rücksicht auf seine Teamkollegen zu nehmen.

Welche Regeln ergeben einen Sinn? Kreuze sie an.

- X Wir respektieren die anderen.
- X Wir gehen aufeinander zu und helfen uns.
- ☐ Wir beleidigen uns gegenseitig.
- X Wir hören einander zu.
- X Wir achten auf unsere Sprache und Ausdrücke.
- ☐ Wir beschuldigen andere Mitspieler.
- X Wir halten unsere Trikots und Schuhe in Ordnung.
- X Wir ernähren uns als Sportler gesund.
- ☐ Wir bekommen bei Niederlagen einen Wutanfall.
- X Wir kommen ausgeschlafen zu einem Spiel.
- X Wir nehmen regelmäßig und diszipliniert am Training teil.
- ☐ Wir lachen über Fehler unserer Mitspieler.
- ☐ Wir nehmen wenig Rücksicht auf unsere Mitspieler.
- X Wir behandeln andere so, wie wir selbst behandelt werden möchten.
- ☐ Wir meckern, wenn der Schiedsrichter einen Regelverstoß anzeigt.
- X Wir zeigen im Spiel Kampfgeist und Einsatzbereitschaft.
- X Wir trainieren fleißig und ehrgeizig.
- X Wir sind untereinander ehrlich und aufrichtig.
- X Wir weisen keine Schuld zu.
- X Wir halten uns an Abmachungen.
- X Wir vertragen uns nach einer Aussprache wieder.
- ☐ Wir zeigen uns wenig hilfsbereit.

Halbzeit

Niko ist begeisterter Fußballspieler. Als er vor vier Wochen nach Oberhausen zog, erkundigte er sich gleich nach dem örtlichen Fußballverein.
Er hatte Glück, denn Nachwuchsspieler waren hier höchst willkommen.

Nun trainiert er bereits seit drei Wochen im TSC Grünhausen. Der Trainer, Herr Müller, weist ihm eine Spielposition als Verteidiger zu. Am liebsten wäre Niko wieder Stürmer gewesen oder zumindest Mittelfeldspieler.
„Ich kann super Pässe schlagen und Tore schießen!", erklärt er Herrn Müller.
„Wir werden sehen, welche Position sich für dich eignet", meint dieser.
Und damit ist das Gespräch vorerst beendet.
Heute ist es endlich soweit! Nikos erstes Punktspiel im neuen Team.
Vor dem Spiel sitzen die Kinder mit Herrn Müller zur Besprechung im Kreis. „Es bleiben alle auf ihren Positionen", erklärt er seinen Kickern.
„Nur Niko ist Ersatzspieler und bleibt auf der Bank." Niko schießen die Tränen in die Augen. Was hat er falsch gemacht? Aber schon legt sich das Team die Arme um die Schultern und singt das Mannschaftslied.
Die erste Halbzeit des Spiels verläuft torlos. Auch nach der Pause will keine der Mannschaften so richtig angreifen. Doch plötzlich dribbelt sich Paul vom TSC frei und läuft mit dem Ball in Richtung Strafraum. Ein Spieler aus der gegnerischen Mannschaft versucht ihn mit einer Grätsche zu stoppen. Paul schreit auf und stürzt. Der Schiedsrichter pfeift.
Paul muss ausgewechselt werden.
„Jetzt zeig, was du kannst", sagt der Trainer und klopft Niko auf den Rücken.
Niko springt auf. Er darf in den Sturm! Hastig umarmt er Paul und schon ist er mittendrin. Jetzt kommt Bewegung ins Spiel. „Nur noch zehn Minuten Spielzeit", durchfährt es ihn. Da passt Lukas ihm das Leder vor die Füße.
„Es muss klappen", denkt Niko, rennt in Richtung Tor und zieht ab …

Markiere die 20 Unterschiede in diesem Text.

Niko ist begeisterter Fußballer. Als er vor drei Wochen nach Oberhausen zog, erkundigte er sich gleich nach dem örtlichen Fußballclub.
Er hatte Glück, denn Nachwuchsspieler waren hier sehr willkommen.

Nun trainiert er bereits seit zwei Wochen im TSC Grünhausen. Der Trainer, Herr Müller, weist ihm eine Spielposition als Verteidiger zu. Am liebsten wäre Niko wieder Stürmer gewesen oder zumindest Mittelfeldspieler.
„Ich kann super Pässe schlagen und Tore schießen!", erklärt er dem Trainer.
„Wir werden sehen, welche Position sich für dich eignet", meint dieser.
Und damit ist das Gespräch zunächst beendet.
Nun ist es endlich soweit! Nikos erstes Punktspiel im neuen Verein.
Vor dem Spiel sitzen die Kinder mit Herrn Müller zur Besprechung in der Kabine. „Es bleiben alle auf ihren Positionen", erklärt er seinen Kickern.
„Nur Niko ist Ersatzspieler und bleibt auf der Bank." Niko schießen die Tränen in die Augen. Was hat er falsch gemacht? Aber schon legt sich das Team die Arme um die Schultern und singt das Mannschaftslied.
Die erste Halbzeit des Spiels bleibt torlos. Auch nach der Pause will keine der Mannschaften so richtig angreifen. Doch auf einmal dribbelt sich Paul vom TSV frei und rennt mit dem Ball in Richtung Strafraum. Ein Spieler aus der anderen Mannschaft versucht ihn mit einer Grätsche zu stoppen. Paul schreit auf und fällt hin. Der Schiedsrichter pfeift.
Paul muss ausgewechselt werden.
„Jetzt zeig, was du kannst", sagt der Trainer und klopft Niko auf die Schulter.
Niko springt auf. Er darf in den Sturm! Schnell umarmt er Paul und schon ist er mittendrin. Jetzt kommt Bewegung ins Spiel. „Nur noch zwölf Minuten Spielzeit", durchfährt es ihn. Da passt Lukas ihm den Ball vor die Füße.
„Es muss klappen", murmelt Niko, rennt in Richtung Tor und zieht ab …

1
Rennen vierundvierzig Beine
auf dem Rasen hin und her.
Alle Großen und auch Kleine
finden dieses Spiel nicht schwer.

2
Einen Ball nur gibt's für alle,
alle streiten sich darum.
Mancher tappt in eine Falle,
sitzt am Feldrand und schaut dumm.

3
Wer das Runde sich erkämpft hat
rennt und stürmt nach vorne vor.
Kickt das Leder durch die Beine,
zielt und schießt ganz schnell aufs Tor.

4
Jubelnd stehn die Fans in Wogen.
Doch was ist das, kann das sein?
Kommt der Tormann angeflogen,
hält den Ball, lässt ihn nicht rein.

5
Und so geht das Spiel zu Ende.
Alle Kicker werden matt.
Groß steht morgen in der Zeitung,
wer das Match gewonnen hat.

① Um welche Sportart handelt es sich in diesem Gedicht?

Fußball

② Welche weiteren Begriffe findest du für das Wort „Ball"?

das Runde   das Leder

③ Welchem Reimschema folgen drei Strophen?

☐ AABB   ☐ ABBA
☒ ABAB   ☐ BBAA

④ Welche Strophen haben das Reimschema ABCB?

Strophen: 3 und 5

⑤ Ordne folgende Aussagen den richtigen Strophen zu.

- Ein Spieler bereitet ein Tor vor. Strophe: 3
- Der Schiedsrichter schickt einen Spieler vom Feld. Strophe: 2
- Das Publikum feuert die Mannschaft an. Strophe: 4
- Zweiundzwanzig Spieler laufen auf dem Feld. Strophe: 1
- Ein Reporter schreibt über den Spielverlauf. Strophe: 5

⑥ Welche Zeile steht so im Text? Kreuze an.

☐ Groß steht gestern in der Zeitung, …
☐ Groß steht heute in der Zeitung, …
☒ Groß steht morgen in der Zeitung, …

⑦ Was bedeutet diese Aussage: Jubelnd stehn die Fans in Wogen.

☐ Die Zuhörer wiegen sich zur Musik.
☒ Das Publikum macht eine Welle.
☐ Die Zuschauer stehen im Wasser.

Vergleiche die gesuchten und die angebotenen Dinge.
Welche Anzeigen passen zusammen?
Trage die richtigen Buchstaben auf der rechten Seite ein.

Suche …

A Quadratischer Ball zur Ausübung einer besonderen Fußballspielweise gesucht.

B Suche Ball mit Unterschriften der schlechtesten Torschützen unter allen Nationalspielern.

C Suche Selbstreinigungsschuhe, da ich das Putzen der Fußballschuhe äußerst mühsam finde.

D Wer hat Schuhe, die von selber laufen?

E Suche Gerät für Fußballfans, das die eigene Sprache lauter werden lässt.

F Suche Ball in bestimmter Farbe. Er sollte sich im Sommer aufgrund seiner Farbe vor dem Gegner tarnen können.

G Suche Schuhe mit eingebauten Federn.

H Wer hat Flughandschuhe, die dem Ball entgegenfliegen, sobald er auf das Tor zusteuert?

Biete an …

D Sie sind gehfaul und wenig anstrengungsbereit? Sie wollen trotzdem gewinnen? Dann haben wir für Sie den richtigen Schuh!

F Biete eleganten Ball, rollt bestens. Farbe: grasgrün

A Sie suchen das Besondere? Sie wollen, dass ihr Ball auch einmal liegen bleibt und nicht dauernd davonrollt? Dann wählen Sie Cornerball, den Ball mit Ecken und Kanten.

C Flott und sauber – unser Schuh hat eine automatische Dusche eingebaut. Bei Bedarf legt sie auf Knopfdruck los und sprüht ihren Schuh porentief rein.

E Biete Megafon mit Lautstärkeregler – damit sie auch morgen noch kräftig schreien können.

B Vorbei am Tor! Der „Glückliche-Verlierer-Ball" mit allen Spielern der Welt, die das Tor so gut wie nie getroffen haben.

H Gefahr vor dem Tor? Kein Problem! Diese Torwarthandschuhe lösen sich automatisch von Ihren Händen und stoppen den Ball!

G Einmal über den Gegner gesprungen und schon haben Sie freie Sicht auf das Tor. Hüpflischuh – der Schuh der sprunghaften Zukunft.

E-Mail
Datei Bearbeiten Ansicht Extra Nachricht
Senden
An:
Betreff:

Lieber Onkel Markus,

1 herzlichen Glückwunsch zu deinem Geburtstag! Leider kann ich mich erst jetzt bei dir melden, da ich mit meinem Freund Nico fünf Tage lang im Fußballerlebniscamp Neumarkt war. Es war so wunderschön, dass ich dir gerne ein bisschen davon berichten möchte.

2 Im Camp trafen sich 96 Jugendliche im Alter von 8 bis 15 Jahren. Nach der Begrüßung wurden wir in sechs Gruppen aufgeteilt. Sie waren nach den WM-Teilnehmermannschaften Argentinien, Brasilien, Deutschland, Uruguay, Niederlande und Spanien benannt. Wir gehörten zur vorletzten Mannschaft.

3 Dann richteten sich alle in den zugewiesenen Zweimannzelten häuslich ein. Anschließend hieß es: Antreten zur ersten Trainingseinheit. Nach den schweißtreibenden Übungen stürzten wir uns in die Fluten des nahegelegenen Tannensees. Wir hatten einen Riesenspaß!

4 Jeden Tag fanden die Trainingseinheiten statt. Unsere Trainer zeigten uns spielerische Tricks und gaben wertvolle Tipps zur Weiterentwicklung unserer Fußballtechnik. Die Schwerpunkte im Trainingslager waren Passtraining, Schusstechnik, Übungen zur Ballannahme und -mitnahme sowie Torschussübungen.

5 Am letzten Tag spielten wir „Fußball-Golf". Einmal musste der Ball sogar in den Kofferraum eines alten Autos geschossen werden. Abends fanden dann ein Grillfest und die Preisverleihung statt. Unsere Mannschaft schaffte den zweiten Platz. In dieser Nacht schliefen wir alle tief und fest. Im nächsten Jahr sind wir bestimmt wieder mit dabei!

Bis bald!
Es grüßt dich ganz herzlich

dein Alexander

Zu welchen Abschnitten passen diese Aussagen?

4 Tipps und Tricks zur Weiterentwicklung der Fußballtechnik werden fachmännisch erklärt.

5 Grillfest und Preisverleihung bilden den krönenden Abschluss des Fußballerlebniscamps.

4 Einige Schwerpunkte der Trainingseinheiten sind Schusstechnik und Ballübung.

1 Das fünftägige Fußballcamp in Neumarkt ist ein sehr schönes Erlebnis.

2 Die Jugendgruppen werden nach den Teilnehmermannschaften der Weltmeisterschaft benannt.

3 Alle Teilnehmer sind in Zweimannzelten untergebracht.

2 Das Camp eignet sich für Jugendliche von 8 bis 15 Jahren.

4 Tägliche Trainingseinheiten werden vom ersten Tag an garantiert.

5 Zum Abschluss beteiligen sich alle an einer neuen Sportart. Dabei muss der Ball oft in merkwürdige Ziele geschossen werden.

3 Großen Badespaß bereiten Ausflüge an den nahe gelegenen Tannensee.

2 Die Übungseinheiten werden mit durchschnittlich 16 Spielern durchgeführt.

Schreibe zu jedem Witzanfang den Buchstaben des passenden Witzendes. Du erhältst ein Lösungswort.

A Fragt ein Fan den anderen: „Weißt du den Unterschied zwischen unserer Mannschaft und einem Würfel?

„Kenne ich nicht. In welchem Verein spielt der?" s

n Der Nachwuchs-Stürmer fragt den Vereinspräsidenten: „Wie viel werde ich verdienen?" Er bekommt zur Antwort: „Zuerst 3000 € monatlich, dann mehr."

„Dann geben sie mir halt den!" o

„Würfel haben mehr Punkte." A

s Lehrer: „Wer kennt berühmte Männer mit „B"? Fritzchen: „Ballack, Beckenbauer …" Lehrer: „Ich dachte eher an Beethoven …"

t Was ist der Unterschied zwischen einem Bankräuber und einem Profi-Fußballer?

Der eine muss bei Grün, der andere bei Rot gehen. ß

o Kurz vor Beginn des Endspiels kommt ein Fan zum Kartenhäuschen und möchte noch ins Stadion. Sagt die Kassenfrau: „Es ist alles ausverkauft, bis auf den letzten Platz!"

„Dann komme ich später wieder!" n

ß Was ist der Unterschied zwischen einem Fußgänger und einem Fußballer?

Der eine sagt: „Geld her oder ich schieße!" Der andere sagt: „Geld her oder ich schieße nicht!" t

Lösungswort: Anstoß

Welche Rufe ergeben einen Reim? Male die Siegesrufe des Trainers und der Mannschaft in der gleichen Farbe an.

Das ruft der Trainer:

Eintracht, Brüderlichkeit, …

Vorwärts, vorwärts immerzu!

Wir sind doch keine Angsthasen, mutig sind wir und sehr schnell!

Feigling, Feigling, ruft hier keiner! Denn wir sind bereit, …

Vor, vor, vor!

Schnell die Beine, klug der Kopf, …

Wir sind wir, wir sind wir!

Das ruft die Mannschaft:

Wir schießen noch ein Tor!

Schweben übern grünen Rasen, ziehn dem Gegner ab das Fell!

Wir sind stärker als ein Stier!

… jetzt und jederzeit!

… zum Sieg sind wir bereit!

… wir spielen keinen alten Zopf!

Heute, morgen, jederzeit, ja der Sieg ist nicht mehr weit, lauft und schießt ganz schnell, im Nu!

Ganz besondere Maskottchen

Das Maskottchen des Fußballvereins 1. FC Köln ist der Geißbock Hennes. Am 13. Februar 1950 überreichte eine Zirkusdirektorin dem Spielertrainer Hennes Weisweiler einen Geißbock. Der Mann nahm das Tier auf den Arm. Da pinkelte es ihm auf sein Hemd. Nun taufte man das Tier Hennes. Seither läuft bei den Spielen des 1. FC Köln ein echter Geißbock auf dem Spielfeld auf. Die Mannschaft hat jetzt den Spitznamen „die Geißböcke".

Ein Maskottchen ist ein Glücksbringer.

Der Löwe ist im Vereinswappen der bayerischen Mannschaft 1860 München enthalten. Hier orientierte man sich an der Symbolfigur Bayerns, dem bayerischen Löwen. Er steht für Ausdauer und Mut. Oft wird diese Mannschaft auch einfach nur „die Löwen" genannt.

Nach jedem Tor, das der MSV Duisburg schießt, wird der „Zebratwist" gesungen. Das ist ein Lied, das die Fans seit vielen, vielen Jahren singen. Das Maskottchen der Duisburger ist entsprechend ein Zebra und der Verein wird „die Zebras" genannt. Auch die Trikots des MSV haben „Zebrastreifen", allerdings blau-weiße.

Borussia Mönchengladbach hat als Maskottchen das Fohlen Jünter. Der Name geht zurück auf den Namen eines Spielers, der lange bei Mönchengladbach gespielt hat: Günter Netzer. Das Fohlen hat ein Trikot an, auf dem die Nummer 10 steht.

„Willi Wildpark" heißt das Maskottchen des Karlsruher SC. Hier handelt es sich um ein Wildschwein, das ein Trikot mit der Rückennummer 94 trägt. Der Name „Willi" lehnt sich an den Namen „Winni" an. Ein Trainer der Mannschaft hieß nämlich Winfried (Winni) Schäfer.

1 Schreibe den passenden Verein unter die Maskottchen.

Karlsruher SC

1860 München

1. FC Köln

MSV Duisburg

Borussia Mönchengladbach

2 Was ist richtig? Kreuze richtige Sätze an.

- [x] Hennes Weisweilers Hemd wurde von einem Tier schmutzig gemacht.
- [x] Zwei Maskottchen haben eine Nummer auf ihrem Trikot.
- [x] Trainernamen und Maskottchennamen stimmen öfter überein.
- [x] Der TSV 1860 München schreibt sich selbst Ausdauer und Mut zu.
- [ ] Das Trikot des MSV Duisburg ist schwarz-weiß gestreift wie ein Zebra.
- [x] Zwei Vereine werden nach ihren Maskottchen benannt.
- [x] Ein Verein hat ein lebendes Tier als Maskottchen.
- [ ] Borussia Mönchengladbach hat ein Pony als Maskottchen.
- [ ] Der „Zebratwist" wird seit kurzer Zeit von den Fans des TSV Duisburg gesungen.

Verrückte Welt

Der Chefredakteur und der Sportreporter sind krank. Deshalb berichtet der neue Praktikant von den letzten Spielen der Fußball-Weltmeisterschaft.

… Heute fanden die letzten Spiele des Achtelfinales statt. Bei dieser Weltmeisterschaft kam es auch unter den verbliebenen 16 Mannschaften zu einigen überraschenden Ergebnissen. Beim Spiel Brasilesien gegen Italillien stand es nach dem Abpfiff 2:1. Die Begegnung Argentizien gegen Polonien endete 3:2. Inglandistan verlor 0:1 gegen Japanne, was keiner vorher je gedacht hätte. Die Kontrahenten Frankskia und Portugalle trennten sich mit einem Ergebnis von 4:2.

Bereits gestern fanden die folgenden Begegnungen statt: Ungaristan schlug die ehemaligen Europameister aus Spanusien knapp mit 2:1. Die beiden Nationalteams der Schwitz und Grieeklandiens trennten sich 0:3. Südkorenien besiegte die Inselfußballer von Irlanien 1:0. Und schließlich noch für uns besonders interessant: Deutschonien blieb im Duell gegen den Nachbarn Niederlandesien Sieger mit 2:1.

1 Warum berichtet der Praktikant von der WM?

- [ ] Weil der Sportredakteur keine Zeit hat.
- [x] Weil seine beiden Vorgesetzten krank sind.
- [ ] Weil der Chefredakteur und der Sportreporter im Urlaub sind.

2 Unterstreiche alle verdrehten Ländernamen im Text.

3 a) Wie heißen die unterstrichenen Länder in Wirklichkeit? Kreise ein.

Niederlande, Irland, Griechenland, Südkorea, Portugal, Polen, Ungarn, Deutschland, Schweiz, Japan, Frankreich, England, Österreich, Spanien, Brasilien, Italien, Argentinien

b) Welches Land bleibt übrig und hat somit nicht teilgenommen?

Österreich bleibt übrig.

4 Welche acht Länder sind ins Viertelfinale weitergekommen?

Brasilien, Argentinien, Japan, Frankreich, Ungarn, Griechenland, Südkorea, Deutschland

5 In wie vielen Spielen fielen drei Tore?

In 4 Spielen

Feiere doch einmal einen Fußballgeburtstag. Das ist endlich ein sportliches Motto für eine Party und gefällt dir und auch allen Fans dieses Sports.
Eine Einladung hierzu kannst du in Form eines Fußballs oder eines Tors verschicken. Auch ein Bild von dir im Fußballdress ist eine Möglichkeit. Bitte deine Gäste, unbedingt in Sportkleidung zu kommen!
Dekoriere den Raum mit Fußball-Wimpeln und Girlanden in deinen Vereinsfarben. Mit einem Stück Kunstrasen (gibt es im Baumarkt) sieht der Tisch gleich aus wie ein Spielfeld. Kleine Bälle und Trillerpfeifen vervollständigen den Tischschmuck.
Zu essen gibt es kleine, runde Fußball-Hackbällchen, Hot Dogs wie im Stadion, eine Deutschland-Obsttorte in den Farben Schwarz (Brombeeren), Rot (Himbeeren) und Gold (Pfirsiche).
Auch Muffins oder Torten, die wie halbe Fußbälle aussehen, sind eine tolle Idee. Rezepte gibt's im Internet!
Bevor ihr das Spielen anfangt, solltet ihr euch gründlich aufwärmen, damit sich keiner verletzt. Ihr könnt Staffeln und Geschicklichkeitsspiele mit dem Fußball veranstalten. Auch ein Elfmeter- oder Zielschießen kommt gut an. Natürlich sollte ein Mini-Match mit zwei möglichst gleich starken Teams und zwei kürzeren Halbzeiten nicht fehlen, wenn ihr die Gelegenheit habt, auf einer Wiese oder einem Spielfeld in der Nähe zu kicken.
Stimmungsvoll ist es schließlich noch, wenn du Fußball-Lieder besorgen kannst, die im Hintergrund laufen.

① **In welcher Reihenfolge kommen die Tipps im Text vor? Nummeriere.**

3 Essen — 4 Programm — 1 Einladung
2 Dekoration — 5 Musik

② **Warum heißt der Kuchen „Deutschland-Obsttorte"?**

- ☐ Weil deutsche Fußballer gerne Obsttorten essen.
- ☐ Weil Obsttorten für Deutsche gesund sind.
- ☒ Weil die Torte in den Farben der deutschen Flagge gestaltet ist.
- ☐ Weil der Kuchen in Deutschland gebacken wurde.

3 **Wie heißen die Wörter aus dem Text, die die gleiche Bedeutung haben? Oft sind es Fremdwörter. Schreibe sie auf.**

Fest	Party
Anhänger	Fans
Wahlspruch	Motto
Teams	Mannschaften
schmücken	dekorieren
Fußballbekleidung	Fußballdress
Brötchen mit Würstchen darin	Hot Dog
dreieckige Fahne	Wimpel
kleines Spiel	Mini-Match
kleine Kuchen	Muffins

Das Guiseppe-Meazza-Stadion ist das größte Fußballstadion in Italien. Es wurde nach einem erfolgreichen Fußballspieler benannt. 82955 Zuschauer können darin Spiele anschauen. Insgesamt elf Türme sind am Stadion zu sehen. Es steht in Mailand.

Der Ibrox Park ist ein Fußballstadion, das zum Teil von außen wie ein breites, hohes Haus oder ein Bahnhof aussieht. Die rote Wand und die großen Fenster lassen nicht gleich den Schluss zu, dass hier Fußball gespielt wird. Immerhin haben aber 50467 Leute darin Platz. Die Bezeichnung des heimischen Vereins „Glasgow Rangers" enthält im ersten Teil den Namen der schottischen Stadt, in dem das Stadion steht.

Der Signal Iduna Park ist das größte Stadion Deutschlands. Es fasst 80720 Zuschauer. Das Stadion mit den gelben Pylonen (Pfeilern) steht in Dortmund. Die Borussia spielt dort ihre Heimspiele.

Im Wembley-Stadion in London haben 90000 Zuschauer Platz. Es ist gut an dem 133 Meter hohen Bogen zu erkennen, der über das Stadion führt. Es ist das zweitgrößte Stadion Europas.

In Bayerns Landeshauptstadt steht die Allianz-Arena. Normalerweise hat das Stadion eine weiße „Haut". Spielt der FC Bayern München, färben sich die weißen Waben rot. 69901 Plätze hat das Stadion. Es wurde im Jahre 2005 in Betrieb genommen.

Mário Filho war ein brasilianischer Journalist. Nach ihm wurde das Fußballstadion mit dem Namen Estádio Jornalista Mário Filho benannt. Es steht in Rio de Janeiro. Etwa 100000 Zuschauer passen in das eiförmige Stadion. Blaue Verstrebungen sind an der Außenseite in regelmäßigen Abständen zu sehen.

① **Trage die Namen der Stadien ein und die Städte, in denen sie stehen.**

Name: Allianz-Arena
Stadt: München

Name: Wembley-Stadion
Stadt: London

Name: Guiseppe-Meazza-Stadion
Stadt: Mailand

Name: Estádio Jornalista Mário Filho
Stadt: Rio de Janeiro

Name: Signal Iduna Park
Stadt: Dortmund

Name: Ibrox Park
Stadt: Glasgow

2 **Unterstreiche im Text die Namen der Stadien, die gemeint sind. Verwende die angegebene Farbe.**

Rot: Dieses Stadion kann sich verfärben.

Schwarz: Dieses Stadion ist nach einem Mann benannt, der selbst nicht hauptberuflich Fußball spielte.

Grün: Dieses Stadion hat von den genannten Stadien die zweitmeisten Zuschauer.

Lukas trickste die Gegner aus und schoss das entscheidende Tor. Die Menge jubelte. Alle waren begeistert: Lukas war einfach ein genialer Fußballspieler. Fußball war sein Leben. Mädchen interessierten ihn überhaupt nicht. Die störten nur beim Fußballspielen.

Tamara fand Lukas trotzdem klasse. Zu gerne hätte sie ihn näher kennengelernt. „Was soll ich nur zu ihm sagen?", fragte sie ihre Freundin und schoss dabei gedankenverloren den Ball auf die Torwand. „Sag was über sein Fußballspiel!", riet ihre Freundin Laura. Eine halbe Minute später kam Lukas an der Torwand vorbei. Tamara schoss voll gegen die Wand. Lukas schüttelte den Kopf. „He, Lukas", sagte Tamara und dachte an Lauras Vorschlag, „Du spielst Fußball." Lukas runzelte die Stirn und ging weiter. „So ein Blödsinn!", lachte Tamara los, als er weg war. „Wenn er wieder kommt, sag was über seine Beine. Was Nettes!"

Am nächsten Tag kam Lukas prompt wieder an der Torwand vorbei. Tamara schoss auf den Kreis. Als sie Lukas sah, flog der Ball meterhoch über die Torwand. Verwirrt sah ihm Tamara nach, blickte dann zu Lukas und sagte: „Du hast fette Beine!" Lukas schüttelte den Kopf und lief weiter. „Oh Mann!", rief Laura, „Das ist doch nichts Nettes!"

So ging das zwei Wochen lang weiter, bis es Laura zu dumm war, Ratschläge zu geben und Tamara aufgegeben hatte, weil Lukas nur immer kopfschüttelnd an ihr vorbeilief. Heute konzentrierte sie sich auf ihre Torwand und beachtete Lukas überhaupt nicht. Sie fand Gefallen daran, den Ball zu treffen und schaffte es, das runde Leder zehnmal hintereinander durch das Loch in der Torwand zu schießen. Da hörte sie hinter sich jemanden sagen: „Das war echt klasse! Du hast es drauf!" Tamara drehte sich um und traute ihren Augen nicht. Dann grinste sie.

(1) **Wer spricht am Ende der Geschichte mit Tamara?**

Lukas spricht mit ihr.

(2) **Wodurch gewann Tamara Lukas Anerkennung? Kreuze an.**

- ☐ Sie machte Lukas nette Komplimente.
- ☐ Sie spielte gut mit den anderen Mädchen zusammen Fußball.
- ☒ Sie spielte gut Fußball an der Torwand.
- ☐ Sie jubelte Lukas zu, als dieser ein Tor schoss.

(3) **Schreibe die Zeilennummern auf, in denen du die Antworten auf diese Fragen findest.**

- Was machte Lukas, als Tamara ihn zum ersten Mal ansprach? Zeile: 12
- Was interessierte Lukas überhaupt nicht? Zeilen: 3-4
- Wie fand Tamara Lukas? Zeile: 5
- Was sagte Tamara bei der zweiten Begegnung mit Lukas zu ihm? Zeile: 18

(4) **Welche Aussagen passen nicht zur Geschichte? Streiche sie durch.**

- Als Tamara nicht mehr mit allen Mitteln versuchte, etwas Besonderes zu Lukas zu sagen, nahm die Geschichte eine gute Wendung für sie.
- ~~Lukas mochte Mädchen, nur Tamara konnte er nicht ausstehen.~~
- ~~Laura war nicht daran interessiert, dass sich Tamara mit Lukas anfreundete.~~
- Tamara fand Gefallen am Umgang mit dem Fußball.

Um das Jahr 1920 nahm der Frauenfußball in vielen europäischen Ländern an Beliebtheit zu. Nur in Deutschland war diese Sportart für Frauen nicht zulässig.

Der erste deutsche Frauenfußballclub wurde offiziell 1930 in Frankfurt gegründet. Da die Frauen aber nur gegen Männermannschaften antreten durften, kam es zu Protesten. Wegen dieser unfairen Behandlung löste sich der Club nach einem Jahr wieder auf.
Von 1955 bis 1970 bestand ein offizielles Verbot für Frauenfußball. Man begründete diese Untersagung damit, dass Frauen bei dieser Sportart an Körper und Geist Schaden erleiden würden.

Der Wunsch, den Frauenfußball vollkommen abzuschaffen, ging nicht in Erfüllung. Die Frauen ließen sich ihre fußballerischen Aktivitäten nicht so einfach verbieten. Immer wieder kam es zur Bildung von Damenvereinen, die untereinander inoffizielle Länderspiele abhielten. Erst 1970 hob der deutsche Fußballverband das Frauenfußballverbot auf. Anfänglich galten für Frauen noch andere Bedingungen als für Männer:

- *„Das schwache Geschlecht" musste zur Erholung eine Winterpause einlegen.*
- *Stollenfußballschuhe waren nicht erlaubt.*
- *Der Fußball musste klein und leicht sein.*
- *Die Spielzeit durfte insgesamt nur 70 Minuten betragen.*

1989 gewannen die deutschen Fußballdamen zum ersten Mal die Europameisterschaft. Diese und weitere Erfolge waren der Durchbruch. Die deutsche Nationalmannschaft der Frauen ist nun seit Jahren erfolgreicher als die der Männer. 2003 waren sie Weltmeister in den USA und 2007 in China. Die Weltmeisterschaft im Jahr 2011 fand erstmals in Deutschland statt.

(1) **Warum kam es 1930 im Frauenfußballclub zu Protesten?**

Weil die Frauen nur gegen Männermannschaften antreten durften.

(2) **Wie verhielten sich die Damenmannschaften, nachdem sie nur gegen Männer antreten durften?**

☐ sie lösten sich ab ☐ sie lösten sich los ☒ sie lösten sich auf

(3) **Wie viele Jahre bestand in Deutschland ein offizielles Frauenfußballverbot?**

Es bestand 15 Jahre.

Wie umgingen die Frauen das offizielle Fußballverbot?

Sie spielten inoffizielle Länderspiele.

(4) **Was geschah im Jahr 1989?**

Die deutschen Fußballdamen gewannen zum ersten Mal die Europameisterschaft.

(5) **Welche Bedingungen mussten Frauenmannschaften 1970 erfüllen?**

a) Sie mussten eine Winterpause machen.

b) Sie durften keine Stollenschuhe tragen.

c) Der Fußball musste klein und leicht sein.

d) Die Spielzeit durfte nur 70 Minuten betragen.

(6) **Was unterscheidet derzeit die deutsche Nationalmannschaft der Frauen von der deutschen Nationalmannschaft der Männer?**

Die Frauen sind erfolgreicher als die Männer.

Wahr oder falsch?

Kreuze an, ob die Aussagen rund um den Fußball stimmen.

	wahr	falsch
• Das Spiel beginnt mit dem Abpfiff.	☐	X
• Ein Fußball muss mindestens fünf Kilogramm wiegen.	☐	X
• Von jeder Mannschaft dürfen höchstens 11 Spieler auf dem Feld sein.	X	☐
• In Deutschland hat schon einmal eine Fußball-Weltmeisterschaft stattgefunden.	X	☐
• Es dürfen nur Mädchen Fußball spielen.	☐	X
• Mit Handschuhen kann der Torwart die Bälle besser fangen.	X	☐
• Der Trainer einer Mannschaft ist immer auch der Kapitän.	☐	X
• Das Publikum entscheidet, wer Anstoß hat.	☐	X
• Nach der Halbzeit werden die Seiten gewechselt.	X	☐
• Bei einem Spiel treten drei Mannschaften gegeneinander an.	☐	X
• Jedes Team darf einen eigenen Schiedsrichter auf dem Spielfeld haben.	☐	X
• Auf dem Platz muss nur ein Tor stehen.	☐	X
• Der Mannschaftskapitän trägt eine Armbinde.	X	☐
• Fußballschuhe haben niemals Stollen.	☐	X
• Bei der Nationalmannschaft darf jeder Spieler sich seine Trikot-Farbe selber aussuchen.	☐	X

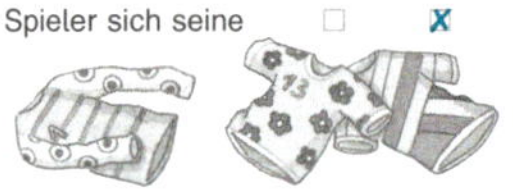

	wahr	falsch
• Ein reguläres Spiel dauert zweimal 45 Minuten.	X	☐
• Auf einem Fußballfeld gibt es Bodenmarkierungen.	X	☐
• Die Abwehrspieler stehen immer im Tor.	☐	X
• Ein Tor ist gültig, wenn der Ball ganz über die Torlinie gerollt ist.	X	☐
• Bekommt ein Spieler die Gelbe Karte, muss er das Spielfeld verlassen.	☐	X
• Wenn der Ball über die Seitenlinie geht, ist er im „Aus".	X	☐
• Elfmeter dürfen nur von Stürmern geschossen werden.	☐	X
• Die Rote Karte ist eine Belohnung für besonders gute Spieler.	☐	X
• In der Halbzeitpause machen alle Spieler Dehnungsübungen auf dem Platz.	☐	X
• Es ist verboten den Ball absichtlich mit der Hand zu spielen.	X	☐
• Tore dürfen nur mit dem Kopf erzielt werden.	☐	X
• Bei einem Unentschieden entscheidet der Schiedsrichter, wer das Spiel gewinnt.	☐	X
• Es gibt auf dem Spielfeld den Elfmeterpunkt, von dem aus der Strafstoß geschossen wird.	X	☐
• Der Torwart trägt immer die Trikotnummer 1.	☐	X
• Fehlpässe werden mit der Gelben Karte bestraft.	☐	X
• Der Anstoß findet vom Elfmeterpunkt aus statt.	☐	X
• Wenn man sich fallen lässt ohne wirklich gefoult worden zu sein, nennt man das „Schwalbe".	X	☐

Was weißt du über den Torhüter?

Ein Torhüter hat viele Namen: Torwart, Torwächter, Torsteher oder Tormann. Seine wichtigste Aufgabe ist es zu verhindern, dass der Ball ins eigene Tor gelangt. Er trägt eine spezielle, schützende Kleidung, die ihn optisch von den anderen Spielern unterscheidet. In der Regel hat er die Rückennummer 1.

Wenn du dich für die Position als Torhüter entscheidest, solltest du über eine gute Beobachtungs- und Wahrnehmungsfähigkeit verfügen. Du musst in der Lage sein, dich voll auf das Spiel zu konzentrieren und schon frühzeitig erkennen, aus welcher Richtung und vor allem wie der Ball auf dich zukommen wird.

Deine Bewegungsabläufe sollten schnell und sicher sein. Du musst Bälle sehr gut fangen und fausten können. Trainiere regelmäßig! Zum Festhalten des Balls müssen immer beide Hände benutzt werden. Torwarthandschuhe sind dabei unerlässlich.

Kannst du schnell reagieren? Das ist nämlich besonders wichtig. Innerhalb von Sekunden musst du dich entscheiden, wie du den Ball sicher abwehren kannst: fangen oder fausten? Springen oder strecken? Dabei ist eine große Sprungkraft unentbehrlich.

Eine klare, deutliche und laute Ausdrucksweise ist als Torhüter von Vorteil. Nicht nur bei einem anstehenden Freistoß solltest du deinem Team klare Anweisungen geben können. Der akustische Kontakt zu deinen Verteidigern hilft dir die Abwehr optimal zu organisieren. Deine Aufgabe als Torwart ist es auch, den Ball zurück ins Spiel zu bringen. Hierbei kannst du den Ball werfen, rollen oder mit dem Fuß weit hinaus in das Spielfeld abschlagen. Wichtig ist in jedem Fall das genaue Zuspielen zu einem deiner Mitspieler.

Fülle den Lückentext richtig aus.

Die wichtigste Aufgabe eines ___Torwarts___ ist es, den Ball nicht in sein Tor zu lassen. Er trägt spezielle ___Kleidung___, die ihn von den anderen Spielern unterscheidet.

Als Torwart musst du dich voll auf das Spiel ___konzentrieren___. Du musst frühzeitig erkennen, aus welcher ___Richtung___ der Ball auf dich zukommt.

Deine ___Bewegungsabläufe___ sollten schnell und sicher sein. Zum ___Festhalten___ des Balls musst du beide Hände benutzen. Regelmäßig solltest du ___trainieren___! Oft musst du dich innerhalb von ___Sekunden___ entscheiden, wie du den Ball abwehren kannst. Dabei ist eine große ___Sprungkraft___ unerlässlich.

Eine klare und laute ___Ausdrucksweise___ ist von deutlichem Vorteil. Nicht nur bei einem anstehenden ___Elfmeter___ solltest du deiner Mannschaft ___Anweisungen___ geben können.

Mit einem Abschlag bringst du den Ball zurück auf das ___Spielfeld___. Das genaue Zuspielen zu einem deiner ___Mitspieler___ ist dabei sehr wichtig.

Diese Schüttelwörter können dir helfen:

meElfter, drucksweiAusse, feweabBegungsläu, dungKlei, tenhalFest, renzenkontrie, wartsTor, nietrairen, Ansunweigen, kraftSprung, tungRich, denkunSe, feldSpiel, Mitlerspie

Die Neue

Sanni war neu in der Klasse 3b. Erst vor zwei Wochen war sie mit ihren Eltern nach Bergheim gezogen. So richtig Anschluss hatte das Mädchen noch nicht gefunden.
Heute war Dienstag. Sanni stand verloren am Pausenhof und kaute an ihrem Apfel herum. Keiner beachtete sie. Eine Doppelstunde Handarbeiten, Deutsch und Mathe hatte sie schon hinter sich. Jetzt freute sie sich noch auf zwei Stunden Sport.
Auf der Wiese war ein Großteil ihrer neuen Klasse mit einem Fußball zugange. Sanni schaute den anderen beim Spielen zu. Wie gern hätte sie mitgemacht! In ihrer alten Schule in Moosburg war sie sogar in der Schulmannschaft gewesen.
In diesem Moment rollte ihr der Ball vor die Füße. Geschickt kickte Sanni das Leder zu dem Torwart, der nun Abstoß hatte. „Du kannst Fußball spielen?“, fragte Mirko, einer aus der Klasse, neugierig.
„Klar, ich hab an meinem alten Wohnort sogar in einem Verein gespielt“, erwiderte Sanni verlegen. „Dann komm und wechsle mich aus“, meinte Heinz, der neben Mirko stand. „Ich hab einen dicken Schnupfen und bin schon völlig außer Puste!“
Das ließ sich Sanni nicht zweimal sagen. Mit roten Backen lief sie aufs Spielfeld. Mit Feuereifer kickte sie die letzten Minuten der Pause mit.
Da läutete es zur fünften Stunde.
Auf dem Weg zur Turnhalle kam Mirko auf sie zu: „Du spielst gar nicht übel! Hast du Lust am Nachmittag zur Grieser-Wiese zu kommen? Da treffen wir uns heute ab 15 Uhr zu einem kleinen Match.“
„Klar! Gern!“, rief Sanni und strahlte übers ganze Gesicht.

① Wo wohnte Sanni früher?

☐ Bergheim ☐ Bergham ☒ Moosburg ☐ Moosbruck

② Was stimmt? Kreuze an.

- ☒ Sanni hat früher in einem Verein gespielt.
- ☐ Sanni mag Sport nicht.
- ☒ Sanni kann gut Fußball spielen.
- ☐ Sanni hat Schnupfen.
- ☒ Sanni war in ihrer alten Schule in der Schulmannschaft.
- ☒ Sanni isst in der Pause einen Apfel.
- ☐ Zwei Jungen aus ihrer neuen Klasse heißen Marco und Heinz.

③ Welches Wort für „schießen/spielen“ steht im Text?

☒ kickte ☐ bolzte ☐ schoss ☐ donnerte

④ Welches andere Wort für „Fußball“ steht im Text?

☐ Kugel ☐ Rund ☐ Pille ☒ Leder ☐ Ei

⑤ Wie heißt das Mädchen in der Geschichte wohl mit richtigem Namen?

☐ Stella ☒ Susanne ☐ Selina ☐ Hanna

⑥ Wie viele Stunden hatte die Klasse an diesem Tag Unterricht?

☐ 4 Stunden ☐ 5 Stunden ☒ 6 Stunden ☐ 8 Stunden

Fußball-Golf

Die neue Sportart Fußball-Golf hat ihren Ursprung in Schweden. Ihre internationale Bezeichnung ist „Soccergolf“. Es handelt sich dabei um eine Kombination aus den beiden Ballsportarten Fußball und Golf.

Fußball-Golf ist ein Freizeitspaß für die ganze Familie. Ohne Kurs, Platzreife oder Ausrüstung kann sofort angefangen werden. Kleidervorschriften gibt es keine. Gespielt wird nicht mit einem Schläger. Der Fußball wird direkt mit dem Fuß vom Boden abgeschossen.

In der Regel besteht eine Runde Fußball-Golf aus 18 Spielbahnen. Diese sind zwischen 30 und 250 Meter lang. Deshalb müssen ungefähr zwei Stunden Zeit für einen Durchgang eingeplant werden. Bis zu sechs Spieler können an einer Runde teilnehmen. Ziel des Spiels ist das „Einlochen“. Eingelocht ist ein Ball dann, wenn er am Ende einer Bahn innerhalb eines Lochs ruhig liegen bleibt.

Jeder Spieler sollte den Ball mit möglichst wenigen „Kicks“ (Schüssen) über die verschiedensten Hindernisse hinweg ins vorgegebene Loch befördern. Oft gibt es auch lustige Sonderziele: höher gelegte Steintöpfe, in die eingelocht werden muss, Zäune zum Überlupfen oder Löcher in einer Netztorwand. Auch ein offener Kofferraum kann durchaus als Zielobjekt dienen. Schießt aber ein Teilnehmer den Ball in eine andere Bahn, so gibt es einen Strafpunkt.

Zum Schluss werden alle Kicks zusammengezählt. Gewonnen hat der Spieler, der insgesamt die niedrigste Summe an Schüssen auf allen Bahnen erzielt hat.
Fußball-Golf ist inzwischen eine anerkannte Sportart, in der sogar schon Weltmeisterschaften ausgetragen wurden.

Jana hat diesen Text geschrieben. Ergänze die fehlenden Angaben.

Am Sonntag feierte meine Oma ihren Geburtstag. Sie hatte eine tolle Idee: Sie lud unsere ganze Familie zum Fußball-Golf (Soccergolf) nach Neuhausen ein. Das ist eine neue Sportart die aus Fußball und Golf kombiniert wurde. Opa erzählte uns, dass dieser Spaß seinen Ursprung in Schweden hatte und inzwischen sogar schon international ausgetragen wurden.

Ohne Vorbereitung legten wir gleich los. Kleidervorschriften gab es keine. Wir spielten mit einem Fußball, der mit dem Fuß direkt vom Boden abgeschossen wurde.

Eine Runde bestand aus 18 Spielbahnen, die zwischen 30 und 250 Metern lang waren. Wir planten ungefähr zwei Stunden für einen Durchgang ein. Da höchstens sechs Spieler eine Gruppe bilden, konnten wir alle zusammenbleiben.

Jeder versuchte nun, den Ball mit möglichst wenigen Kicks einzulochen. Wir lachten Tränen, als Oma sich vergeblich mühte, den Ball in den Kofferraum eines alten Autos zu versenken. Mama schoss ihren Ball zweimal in eine andere Bahn. Das gab ordentlich Strafpunkte. Am Ende wurden alle Kicks zusammengezählt. Der Spieler, der insgesamt die niedrigste Summe an Schüssen erzielt hatte, war der Sieger.

DFB-Pokalsieger zwischen 1984 und 2010

1984/1985	Bayer 05 Uerdingen
1985/1986	FC Bayern München
1986/1987	Hamburger SV
1987/1988	SG Eintracht Frankfurt
1988/1989	Borussia Dortmund
1989/1990	1. FC Kaiserslautern
1990/1991	SV Werder Bremen
1991/1992	Hannover 96
1992/1993	Bayer 04 Leverkusen
1993/1994	SV Werder Bremen
1994/1995	Borussia Mönchengladbach
1995/1996	1. FC Kaiserslautern
1996/1997	VfB Stuttgart
1997/1998	FC Bayern München
1998/1999	SV Werder Bremen
1999/2000	FC Bayern München
2000/2001	FC Schalke 04
2001/2002	FC Schalke 04
2002/2003	FC Bayern München
2003/2004	SV Werder Bremen
2004/2005	FC Bayern München
2005/2006	FC Bayern München
2006/2007	1. FC Nürnberg
2007/2008	FC Bayern München
2008/2009	SV Werder Bremen
2009/2010	FC Bayern München

(1) **Wie oft war der FC Bayern München Pokalsieger?**

Der FC Bayern München war 8-mal Pokalsieger.

(2) **Welche Mannschaften waren nur einmal Pokalsieger? Unterstreiche sie in der Tabelle.**

(3) **Welche Aussagen sind richtig? Kreuze an.**

- [x] Bayer 04 Leverkusen wurde sechs Jahre nach dem Hamburger SV Pokalsieger.
- [x] Werder Bremen war fünfmal Pokalsieger.
- [ ] In der Saison 2004/2005 gewann Werder Bremen den Pokal.
- [x] Schalke 04 gewann zweimal hintereinander den Pokal.
- [ ] Hannover 96 gewann vor der Eintracht Frankfurt den Pokal.
- [ ] Viermal gewann Bayern München vor und nach Werder Bremen den Pokal.
- [x] In der Saison 1988/1989 gewann Borussia Dortmund den Pokal.

(4) **Wie oft wurde eine Mannschaft Pokalsieger, die diese Bezeichnungen im Mannschaftsnamen trägt.**

Borussia: 2-mal

Fußballclub (FC): 13-mal

Sportverein (SV): 6-mal

5 **Das sind Aussagen von Fußballfans. Wer hat recht? Unterstreiche passende Sätze.**

- Der FC Bayern ist die erfolgreichste Mannschaft der letzten Jahre.
- Seit vielen Jahren versucht Werder Bremen vergeblich sich gegen den FC Bayern durchzusetzen.
- Zu Beginn dieses Jahrtausends war Schalke 04 sehr erfolgreich.

Der Schiedsrichter ist eine wichtige Figur auf dem Feld. Er heißt auch „Unparteiischer“ und hat die Aufgabe zu schauen, dass ein Spiel fair und nach den Regeln abläuft. Während einer Begegnung muss er immer sofort entscheiden.

Diskussionen gibt es immer wieder über technischen Hilfen, wie z. B. Computerchips im Ball oder Kameras, die Spielsituationen aus allen Positionen aufnehmen und damit dem Schiedsrichter wichtige Informationen geben. Die einmal getroffenen Entscheidungen sind endgültig, selbst wenn nachher Fehler festgestellt werden.

Der Spielleiter unterbricht ein Spiel, z. B. wenn der Ball im Aus landet, wenn gefoult wird, bei Abseits und Handspiel. Kommt es zu Regelverstößen, kann der Unparteiische die Spieler ermahnen, bei gröberen Verstößen die Gelbe Karte zücken und bei ganz schlimmen oder wiederholten Fouls die Gelb-Rote Karte oder sogar die Rote Karte ziehen. Dabei werden jeweils der Name und die Spieler-Rückennummer vom „Mann in Schwarz“ notiert.

Bei seinen Entscheidungen und bei der Leitung des Spiels unterstützen ihn die Schiedsrichterassistenten an den Außenlinien. Sie geben dem Schiedsrichter mit ihren Fahnen verschiedene Zeichen, die z. B. Einwurf, Abseits oder die Einwechslung eines neuen Spielers anzeigen.

Der wohl berühmteste Schiedsrichter ist der Italiener Pierluigi Collina. Er hat schon fünfmal die Auszeichnung „Weltschiedsrichter des Jahres“ erhalten. Der bekannteste deutsche Schiedsrichter war bislang Dr. Markus Merk. Es gibt auch Schiedsrichterinnen, die Spiele pfeifen, sogar bei Herrenbegegnungen.

(1) **Ordne die Überschriften den Absätzen zu. Nummeriere in der richtigen Reihenfolge. Achtung, es haben sich auch falsche Überschriften eingeschlichen!**

2 Fehler kommen vor

5 Bekannte Namen

__ Was Schiedsrichter verdienen

3 Wenn es zu Verstößen kommt

4 Schiedsrichter haben Gehilfen

1 Schiedsrichter sind wichtig

__ Die Ausrüstung der Schiedsrichter

(2) **Welche technischen Hilfen werden erwähnt?**

- [x] Computerchips in Bällen
- [x] Kameras
- [ ] Messgeräte
- [ ] Vergrößerungsgeräte

(3) **Aus welchem Land stammt Pierluigi Collina?**

Er stammt aus Italien.

4 **Welche drei Namen für den Schiedsrichter findest du noch im Text?**

Unparteiischer

Spielleiter

Mann in Schwarz

① **Welche Aussagen stimmen nicht? Streiche sie durch.**

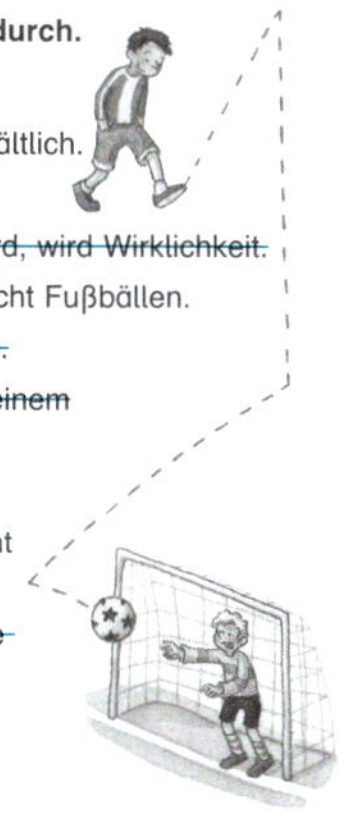

- ~~Caruso ist ein Fußballschuh.~~
- Der Ball ist nur in der abgebildeten Ausgabe erhältlich.
- Die Werbung beinhaltet Reime.
- ~~Alles, was auf dem Werbeplakat versprochen wird, wird Wirklichkeit.~~
- Zehn Fußbälle bekomme ich für den Preis von acht Fußbällen.
- ~~Den Ball kann ich auch in 20 Tagen noch kaufen.~~
- ~~Den Ball muss ich nach jedem Fußballspiel mit einem feuchten Tuch putzen.~~
- Der Ball wiegt sehr wenig.
- Der Ball ist für Leute gedacht, die sich nicht leicht mit etwas zufriedengeben.
- ~~Geht der Ball in 30 Monaten kaputt, so bekomme ich umsonst einen neuen Ball.~~

② **Bei welchem Werbespruch findest du einen Reim? Kreise die Reimwörter ein.**

☆3 **Hansi hat Caruso gekauft. Beim nächsten Fußballspiel schießt er Caruso auf das Tor und trifft daneben. Seine Mannschaft verliert deshalb. Welche beiden Werbesprüche haben sich nicht erfüllt? Schreibe auf.**

Caruso trifft bei jedem Schuss.

Heute kaufen – morgen gewinnen! Garantiert!

Das Spielfeld
Die Breite des rechteckigen Spielfeldes liegt zwischen 45 und 90 Metern. Die Länge darf 120 Meter nicht überschreiten. Für internationale Fußballspiele ist seit 2008 von der FIFA eine Breite von 64 bis 75 Metern sowie eine Länge von 100 bis 110 Metern vorgeschrieben. Jugendmannschaften spielen auf kleineren Feldern.

Das Tor
Der Abstand zwischen den beiden Torpfosten beträgt 7,32 Meter. Die Höhe ist auf 2,44 Meter festgelegt. Ein Tor zählt, wenn der Ball – egal ob in der Luft oder am Boden – die Torlinie vollständig überquert hat.

Die Mannschaft
Fußball wird von zwei gegnerischen Mannschaften mit je zehn Feldspielern und einem Torwart gespielt. Dazu kommen noch die Reservespieler. Bei der F-, E- und D-Jugend stehen sich jeweils nur sieben Spieler gegenüber, da sie auf einem Kleinfeld spielen.

Die Spielzeit
Ab der A-Jugend dauert ein Spiel zweimal 45 Minuten. Die Pause zur Halbzeit beträgt 15 Minuten. Oft ist die tatsächliche Spielzeit um einige Minuten länger. Diese sogenannte Nachspielzeit kann vom Schiedsrichter wegen vorangegangener Unterbrechungen angeordnet werden. In den Jugendmannschaften wird kürzer gespielt.

Der Schiedsrichter
Der Schiedsrichter überwacht die Einhaltung der Regeln auf dem Spielfeld. Unterstützt wird er von zwei Assistenten (Linienrichtern) an den langen Seiten des Feldes. Bei internationalen Spielen und in der Bundesliga wird ein weiterer Assistent („der Vierte Offizielle") eingesetzt. Er überwacht das Verhalten der Trainer, Betreuer und Ersatzspieler. Außerdem überprüft er das Auswechseln von Spielern und zeigt die Nachspielzeit an.

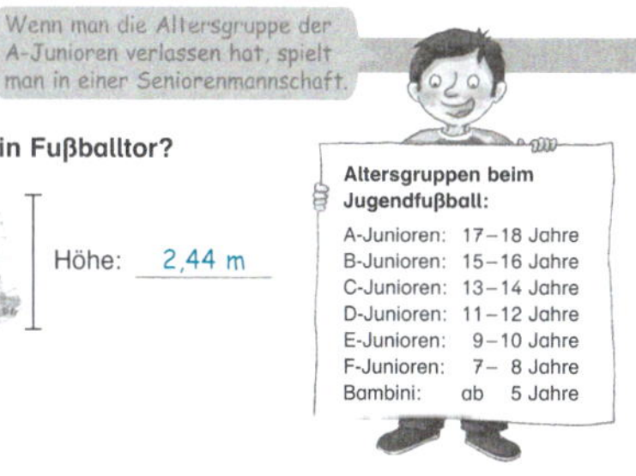

Altersgruppen beim Jugendfußball:

A-Junioren:	17–18 Jahre
B-Junioren:	15–16 Jahre
C-Junioren:	13–14 Jahre
D-Junioren:	11–12 Jahre
E-Junioren:	9–10 Jahre
F-Junioren:	7– 8 Jahre
Bambini:	ab 5 Jahre

① **Welche Maße hat ein Fußballtor?**

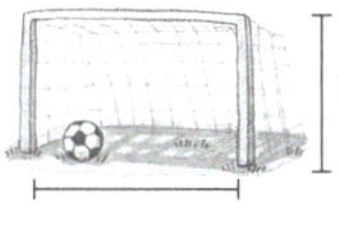

Höhe: 2,44 m

Breite: 7,32 m

② **Wie werden Schiedsrichter in der Fußballsprache bezeichnet?**

☐ Offizier ☐ Offiziell ☐ Offizient ☐ Offizielles ☒ Offizielle

③ **Wie viele Feldspieler stehen bei einem Fußballspiel auf dem Feld?**

in einer Seniorenmannschaft: 20 Feldspieler (ohne Torwarte)

in der E-Jugend: 12 Feldspieler (ohne Torwarte)

④ **Wie lange dauert ein Fußballspiel mit drei Minuten Nachspielzeit?**

☐ 45 Minuten ☐ 90 Minuten ☒ 93 Minuten (ohne Pause) ☐ 105 Minuten

⑤ **Welche Aufgaben muss der vierte Assistent erfüllen? Unterstreiche im Text.**

⑥ **Kreuze an, was für die Jugendmannschaften zutrifft.**

☐ Sie spielen auf längeren Feldern.
☒ Sie spielen auf kleineren Feldern.
☒ Sie spielen kürzere Halbzeiten.
☐ Sie spielen mit mehr als zehn Feldspielern.

So ein undankbarer Kerl?!

Vater war wütend. Wie sah es denn im Badezimmer aus!
Lorenz hatte den ganzen Spiegel mit rotem Lippenstift vollgeschmiert.
So eine Frechheit! Was bildete sich der Kerl denn ein! Wieso ärgerte er ihn so? Er hatte den Jungen extra Fußball spielen lassen, obwohl es besser gewesen wäre, das Kind hätte Mathe geübt.
Lorenz war nicht gerade eine Leuchte in Mathematik und der Vater hatte gesagt: „Solange du nicht bessere Noten schreibst, brauchst du auch nicht Fußball spielen!" Da war Lorenz sehr traurig geworden und hatte den Kopf hängen lassen. „Ich spiele doch so gern Fußball, Vater! Schließlich braucht man doch Bewegung und diese Rechnerei ist nun mal echt schwer. Ich streng mich wieder mehr an, wenn du mich heute das Spiel gegen den FC Kickershausen mitspielen lässt!" Da war der Vater darauf eingegangen. Er hatte sich gedacht, dass der Junge ja recht hat.
Es war eigentlich unsinnig das Fußballspielen zu verbieten.
Aus diesem Grund hatte er ihn auf den Fußballplatz gebracht und ihm zugeschaut und war glücklich gewesen, dass sich der Junge so gefreut hatte. Und seine Mannschaft hatte auch noch gewonnen!
Und nun das! „Lorenz!", schrie der Vater, „Komm sofort ins Badezimmer!"
Der Junge war gerade von der Schule gekommen. In der Früh war die Zeit knapp. Aber offensichtlich hatte er genügend Zeit gehabt, den Spiegel mit Mutters Lippenstift vollzuschreiben. „Lorenz!", brüllte der Vater noch lauter als zuvor und stampfte auf den Boden. Was dachte sich der Junge nur?! Zitternd eilte Lorenz Richtung Badezimmer. Der Vater wartete ungeduldig.
Sein Gesicht war rot vor Zorn. Aber was hatte der Bursche eigentlich auf den Spiegel geschrieben?
Vater las: „Danke, allerbester Papa der Welt!!!"
Als Lorenz im Badezimmer erschien, grinste der Vater.

① **Welche Überschriften würden zu der Geschichte auch passen? Kreise sie ein.**

Das ungerechte Fußballspiel | Man muss nur genau lesen! (eingekreist)

Vaters Lippenstift

Sieg für den FC Kickershausen | Eine plötzliche Wendung (eingekreist)

② **Wer ist gemeint? Schreibe „V" für Vater und „L" für Lorenz hinter die Aussagen. Manchmal ist auch beides richtig.**

- Er hat den Lippenstift benutzt. L
- Er ist in Mathematik nicht besonders gut. L
- Er war sehr wütend. V
- Er hatte Angst. L
- Er reagierte gutmütig. V
- Er war interessiert an Fußball. V, L
- Er wollte eigentlich strenger sein. V
- Er war dankbar. L
- Er mochte ihn sehr gerne. V, L

Es sind auch mehrere Antworten möglich.

3 **Was könnte der Vater am Ende gesagt haben? Kreuze an.**

- ☒ „Auf was du alles kommst, Junge!"
- ☐ „Du bist so ein undankbarer Kerl!"
- ☐ „So geht das nicht weiter mit dir! Mir reicht es!"
- ☒ „Du bist mir so ein Schlingel!"
- ☒ „Was du geschrieben hast, ist echt nett!"
- ☐ „Diese Schmiererei am Spiegel wischst du sofort weg!"

Voll getroffen!

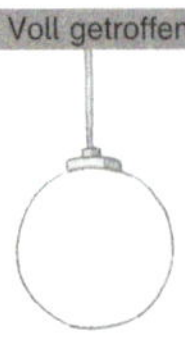

Im Schulhaus tickt im langen Flur,
tagaus, tagein die große Uhr,
sagt allen hier, wie spät es ist.
Der Christopher die Zeit bemisst,
bis endlich ist die große Pause,
denn dann läuft er rasch aus dem Hause,
packt auf dem Rasen aus den Ball.
Und schon sind gleich von überall
ganz viele Kinder da zum Kicken.
Kein Mensch hört mehr die Uhr nun ticken.
Doch plötzlich ist die Pause aus,
die Kinder müssen rasch ins Haus.
Heut klingelt es auch zu der Pause,
doch alle bleiben jetzt im Hause,
denn draußen regnet es doch nur.
Die Kinder spielen auf dem Flur.
Christopher schießt den Gang entlang,
der Uhr wird schon ganz angst und bang.
Und eh die Uhr zeigt: Pause aus –
geschieht es dann, oh weh, oh Graus!
Der Ball fliegt hoch zur Uhr hinauf,
da gibt die Uhr den Geist gleich auf,
denn dieser Schuss die Uhr voll traf!
Christopher ist ganz plötzlich brav,
wird kreidebleich nun um die Nase.
„Was ist gebrochen, eine Vase?",
fragt aufgeregt der Lehrer Binder.
Und auf dem Gang stehn alle Kinder.
Sie sehen Christophers Verdruss.
Es gongt, mit Pause ist nun Schluss.
„Das kann nicht sein!", ruft Jasemir,
„laut Uhr ist Pause jetzt und hier."
Da jubeln alle weit und breit,
denn Pause ist für allezeit!

① **Was passiert in dem Gedicht? Kreuze richtige Aussagen an.**

- ☐ Ein Junge schießt Christophers Uhr mit dem Fußball kaputt.
- ☒ Christopher freut sich immer auf die Pause, weil er dann Fußball spielen kann.
- ☐ Auf dem Rasen spielt Christopher immer alleine Fußball.
- ☒ Christopher schießt während der Pause auf die Uhr, sodass sie stehen bleibt.
- ☐ Durch Jasemirs Schuss ist die Uhr kaputtgegangen.
- ☒ Christopher bekommt Angst, als er bemerkt, was er angestellt hat.
- ☐ Jasemir freut sich, weil die Uhr im Flur heruntergefallen ist.
- ☐ Jasemir freut sich, dass an diesem Tag alle im Flur Fußball spielen dürfen.
- ☒ Jasemir freut sich, weil die Uhr jetzt immer eine Zeit angibt, in der eigentlich Pause ist.
- ☐ Die Kinder spielen im Flur Fußball, weil der Pausenhof gesperrt ist.
- ☒ Die Kinder spielen im Gang Fußball, weil es draußen regnet.
- ☒ Der Lehrer bemerkt zunächst nicht, dass die Uhr kaputt ist.
- ☐ Der Lehrer schimpft sofort, weil Christopher die Uhr kaputt gemacht hat.
- ☒ Die Kinder nehmen an, dass nun immer Pause ist, weil die Uhr eine Zeit anzeigt, die in der Pause liegt.
- ☐ Die Kinder sind wütend, weil Christopher etwas kaputt gemacht hat.
- ☐ Der Lehrer heißt Herr Bender.
- ☒ Im Gedicht hat die Uhr ein Gefühl.

2 **Finde für diese Wörter im Gedicht Wörter mit der gleichen Bedeutung. Unterstreiche sie in der entsprechenden Farbe.**

Ärger Ende artig leichenblass

Viele Fußbälle, die in Deutschland gekauft werden, sind in Pakistan hergestellt worden. Das ist ein Land in Asien. Der Ort, an dem die meisten Bälle in reiner Handarbeit genäht werden, heißt Sialkot. Dort werden von Erwachsenen, aber auch von etwa 7000 Kindern, die Einzelteile dieses Sportgeräts aus wabenförmigen Kunststoffteilen zusammengefügt. Je Ball sind das etwa 700 Nadelstiche, die da vonnöten sind.
Ein Erwachsener kann etwa drei bis fünf Bälle am Tag, ein Kind etwa zwei bis drei Bälle herstellen. Kinderarbeit ist eigentlich verboten in Pakistan. Daher haben sich viele große Sportartikelhersteller verpflichtet, ihre Bälle in Nähfabriken ohne Kinderarbeit fertigen zu lassen. Aber es gibt einfach nicht genügend Kontrollen von Behörden, die die Kinderarbeit verhindern würden. Außerdem arbeiten viele Kinder daheim und nicht in Fabriken. Sie unterstützen so ihre Familien, die sonst nicht genug Geld zum Leben hätten.
Die meisten Kinder, die in Sialkot Fußbälle nähen, sind zwischen fünf und dreizehn Jahren alt. Oft schuften sie von morgens um sieben Uhr bis spät in die Nacht. Kein Wunder, dass sie häufig über Schmerzen im Rücken und den Knien klagen. Denn meist sitzen die Kinder am Boden bei ihrer Arbeit und klemmen beim Nähen die Bälle zwischen den Beinen ein. Außerdem haben sie von dem Nähgarn, das sie sehr fest anziehen müssen, Blasen und Schnitte an den Händen. Oft leiden sie auch unter Kopfweh. Von Schule, Freizeit, Spielen und einer Berufsausbildung können sie nur träumen.

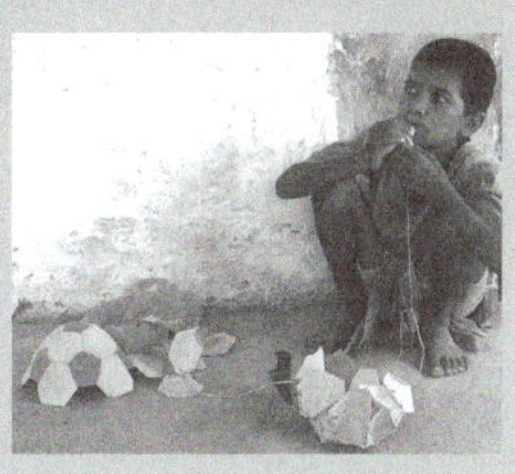

Und dabei bekommen sie je Fußball nur etwa 40 Cent bezahlt. Die gleichen Bälle werden bei uns für 50 Euro oder manchmal sogar für über 100 Euro verkauft.

1 Warum heißt Sialkot „Welthauptstadt des Fußballs“?

☐ Weil von dort viele Fußballer kommen.
☐ Weil Sialkot eine berühmte Fußballmannschaft hat.
☒ Weil an diesem Ort die meisten Fußbälle weltweit hergestellt werden.
☐ Weil es in dem Ort besonders viele Fußballschulen gibt.

2 Ein Kind aus Sialkot bekommt für die Herstellung eines Fußballs nur ein paar Cent. Wie viel Geld bezahlen wir dagegen in Deutschland für einen dieser Fußbälle?

☐ doppelt so viel ☐ zehnmal so viel ☒ mehr als 100-mal so viel

3 Auf welchen Missstand möchte dieser Zeitungsartikel aufmerksam machen?

Der Zeitungsartikel möchte auf Kinderarbeit bei der Fußballherstellung aufmerksam machen.

4 Warum sollte Kinderarbeit verboten sein? Kreuze an.

☒ Oft leidet die Gesundheit der Kinder darunter.
☐ Die Kinder arbeiten zu langsam.
☒ Die Kinder haben keine Zeit in die Schule zu gehen.
☐ Die Kinder können nicht so gründlich arbeiten wie Erwachsene.
☒ Die Kinder können nicht spielen.

Es waren einmal zwei Brüder. Die beiden wurden am gleichen Tag in der gleichen Stunde geboren und sahen fast gleich aus. Es waren nämlich Zwillinge. Sie wuchsen heran und beide merkten, dass sie sehr, sehr gerne Fußball spielten. So verging kaum ein Tag, an dem sie nicht mit dem Ball auf dem grünen Rasen unterwegs waren. Auf diese Weise konnten sie immer besser Tore schießen, sich zupassen und sich freilaufen.

Bald spielten sie gemeinsam in einem Fußballverein. Oft waren es die beiden Zwillinge, die ihrer Mannschaft dabei halfen zu gewinnen. Eines Tages durften die Jungen bei wichtigen Vereinen wie dem TSV Brannenburg und der SpVgg (Spielvereinigung) Unterhaching spielen.
Schließlich wurden die beiden gefragt, ob sie zur Bundesliga-Mannschaft TSV 1860 München gehören wollen. Darüber waren sie sehr glücklich. In diesem wichtigen Verein spielten sie lange Seite an Seite.
Und sie wussten: Es war etwas Besonderes, wenn man zusammen mit dem Zwillingsbruder so gut Fußball spielen konnte, dass man sogar in der Bundesliga mitspielte. Die beiden verstanden sich prima und teilten sich eine Wohnung.

Dann aber trennten sich ihre Wege. Der eine spielte fortan bei einer sehr berühmten Mannschaft, die in der ersten Bundesliga war: Borussia Dortmund. Der andere wechselte bald darauf auch zu einer Mannschaft aus der ersten Bundesliga, nämlich zu Bayer 04 Leverkusen. Jetzt mussten die jungen Männer plötzlich auch gegeneinander spielen. Das war sicher ein komisches Gefühl. Aber sie verstanden sich trotzdem weiterhin gut. Und da sie noch lange nicht gestorben sind, leben sie noch immer glücklich und zufrieden ihr Fußballmärchen.
Übrigens: Die beiden heißen Sven und Lars Bender. Kennst du sie?

1 Beantworte die Fragen.

Wie hießen die beiden Zwillinge mit Vornamen? Sven und Lars

Bei welchen Vereinen spielten die Zwillinge nicht miteinander?

Borussia Dortmund, Bayer 04 Leverkusen

Bei welchen Vereinen spielten die Zwillinge gemeinsam?

TSV Brannenburg, SpVgg Unterhaching, TSV 1860 München

2 Welche Wörter findest du nicht genau so im Text? Streiche sie durch.

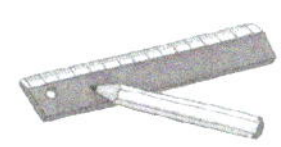

Brüder ~~Mann~~ ~~Wiese~~ Fußballverein ~~Mannschaften~~ ~~Schuss~~ Rasen
Verein ~~Trikot~~ Mannschaft Bundesliga Jungen ~~Bruder~~ Fußball ~~Leder~~

3 Welche Aussagen passen zu den Informationen aus dem Text? Kreuze sie an.

Man muss ganz schön viel üben, wenn man so weit kommen möchte wie die Bender-Zwillinge. ☒	Ihr Leben lang haben die Zwillinge Seite an Seite miteinander gekämpft. ☐	Bis in die erste Bundesliga haben es die Zwillinge geschafft! ☒
Als die Zwillinge gegeneinander spielen mussten, fingen die Probleme an. ☐	Die Zwillinge verstanden sich gut, wollten aber privat getrennte Wege gehen. ☐	Lange Zeit spielten beide bei einem bayerischen Verein. ☒

4 Ist das „Märchen“ wirklich passiert? Ja.

Markiere die versteckten Fußball-Wörter.

HALDNERZFEHLPASSAÖCMFUELÄNFTMITTELFELDSPIELERNAODL
AÄFNCIEJFSMIRSCHWALBEAÖCMFUSLFJRZWNCHDZRTAÖCMSUE
KFÖAMYSAIDÖZABSEITSKAÖFHETSNDKFHQWIENKPLATZVERWEIS
PZUANSTDAMXJSTORWARTTRAINERAKNDZEKANCGSDRIBBELN
WAMCHDKEURTFÖGMXJDHEOFLPOKALSPIELAMXNDPEKLFKDZE
MFHRPAMXHDFEPTFZRLDJFZRCAJHSDOWELTMEISTERALÖDHC
NDOPEDUZEBHFKLAPJAÖNDHAKISHSDHFRUFROPROFISPIELER
KAKHJJOSFOPOJPFSDOPLODFJOJSJLAÖSIDBUNDESLIGAÖAMSN
DJFOASAFOJAFSIJOQÖASKAQUWITRHZBCXMYXCZWEIKAMPFÖA
KAUWHENKCSJWNWLLDXNJQWOETEURKJMFNAMKSLODPFPF
EINWURFAÖSKDSHDKELFMETERÖAOWIUEHDBFÖAKSHBDTEZRI
RTMNFKVLOSÖAKSHDURKEOVERTEIDIGERAÖSJXDNCGEUROFS
LATORAUSLINIEAMCÖDJRGÖDÜEURNTJSJDFIUSIURGRUIGUHGU
IVGFNPOASDHBVAÜDNÖAIHGTORNETZÖAÖSDFHAÖOIBNGÖASB
GBNÖASBJGÖSGBIXKOPFBALLAÖWOGHBSOIDHAOIJKSKDFNAPE
UTNEOGDOAEIRGHASDGHNVAOPWIRZTBHOHIRGSPIELFELDÖAO
WRIHGBJSDÖJSDBGAOAWIOHTAWZETÄLSBNDGÄPPTEHÖLKNGIR
SCHIEDSRICHTERAÄSDÖOGNORNVILSÖDIGNNAÄPORHNGÄAROT
UJNANPFIFFTRNTNPORTLKNBAÜERIHKFHNKLSODFHÖLKSDHFÜP
OERTJNGÄÖSLDJGNIOEZABPFIFFKIRNKJESEITENLINIEANMEIT
HBFLEÖLEHGBAÖOERITHÖASBGALSIHORGBALGASGBAURG
MITTELKREISYMZXBFVOSATRHBASIEBNGFVAEIHBNGALWEWPOET
UBNGKNAMDJOPEHJFBFJDLDKFFGBHFALLRÜCKZIEHERSLDLJDBHF

Bitte lesen Sie vor Inbetriebnahme des Geräts die Gebrauchsanweisung sorgfältig.

Sicherheitshinweis

Dieses Gerät ist auf keinen Fall für Fantasielose geeignet!
Nur der erholungsbedürftige Torwart darf es benutzen!

Zubehör

Bitte prüfen Sie, ob folgende Teile vorhanden sind:
aufblasbares Netz, Pfosten mit besonderer Verschlusstechnik, Torwartpolsterbett mit eingebauter Saftbar

Installation

1. Stellen Sie das Tor auf dem für Ihre Mannschaft vorgesehenen Torplatz auf.
2. Überprüfen Sie, ob sich das Netz von selbst aufbläst und so den Ball wieder aus dem Tor schießt, sobald dieser auf das Netz trifft.
3. Entfernen Sie nun von den Pfosten die Transportverschlüsse. Probieren Sie aus, ob sich das Tor von selbst verschließt, sobald ein Ball in seine Nähe kommt.
4. Montieren Sie schließlich das Torwartpolsterbett auf das Tor und probieren Sie aus, ob die Saftbar Ihnen Ihren Lieblingssaft serviert, sobald Sie ihn nennen.

Was kann das besondere Tor alles? Kreuze an.

- ☒ Es wehrt den Ball ab, indem es sich verschließt.
- ☒ Es hat eine Schlafmöglichkeit.
- ☐ Es wehrt den Ball ab, indem es sich unsichtbar macht.
- ☒ Es wehrt den Ball ab, indem es den Ball zurückschießt.
- ☐ Es serviert Hot Dogs.
- ☐ Es kann selbst sprechen.
- ☐ Es stellt alle möglichen Getränke bereit.
- ☒ Es ist für Torwarte geeignet, die sehr müde sind.
- ☐ Es hat ein Netz, das die Spieler aufblasen müssen.

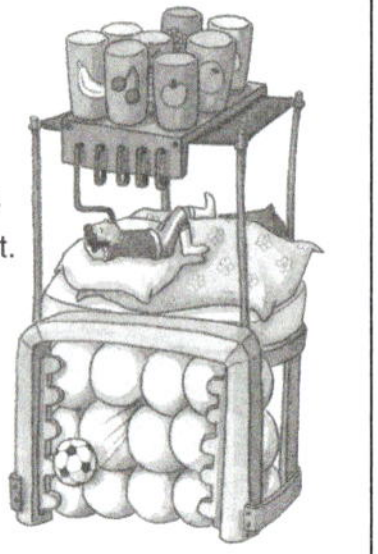

Das Publikum hielt gebannt den Atem an. Der Mann vor dem Tor konzentrierte sich auf den Elfmeter, den er unbedingt ins Tor der Bochumer bringen wollte.
Der Torwart des VfL (Verein für Leibesübungen) Bochum wartete angespannt auf den Schuss. Gleich würde das runde Leder auf ihn zufliegen und dann musste er in Bruchteilen einer Sekunde entscheiden, ob er nach links oder nach rechts hechtet.
20 000 Zuschauer waren im Olympiastadion in München.
Doch was war das?
Nur etwa 5 000 von ihnen verfolgten das Spielgeschehen am Tor der Bochumer. Und was war mit den restlichen Zuschauern?
Sie blickten zu dem anderen Tor, in welchem einsam und gelangweilt der Torwart des FC Bayern stand. Einsam und gelangweilt war er allerdings nur, bis ein Watscheltier angeflogen kam. Das war tatsächlich irgendwie auf den grünen Rasen gekommen und lief nun ungeniert darauf herum. Doch es hatte nicht mit Sepp, der „Katze von Anzing" gerechnet. Die Leute nannten ihn so, weil er aus dem Ort Anzing bei München kam und sich auf den Ball stürzen konnte wie eine Katze auf ihre Beute. Immer wieder überraschte er mit tollen Aktionen und konnte auf diese Weise sein Tor „sauber halten".
Und nun war seine Beute kein Ball, sondern eine gewöhnliche Stockente. Eine Weile beobachtete er das Schnattertier. Aber dann hechtete er mit einem Satz nach ihr. Die Zuschauer verfolgten das Schauspiel gespannt. Doch das freche Federtier war schneller als die flinke „Katze". Immerhin hatte der Torwart Sepp Maier seinen Spaß und jene Szene ging in die Geschichte des Fußballs ein.

Sepp Maier war einst einer der besten Torhüter der Welt und gewann sehr viele Spiele. Eigentlich heißt er Josef Dieter Maier, aber alle nennen ihn Sepp. Späße hatte er immer schon auf Lager!

(1) **Kreuze die richtigen Antworten an.**

- ☐ Der FC Bayern spielte gegen den SV Bochum.
- ☒ Sepp Maier war Torhüter des FC Bayern.
- ☐ Sepp Maier fing während des Spiels eine Gans.
- ☒ Während eines Elfmeters versuchte ein Torwart ein Tier zu fangen.
- ☐ Die Hälfte des Publikums sah Sepp Maier zu.
- ☒ Das Spiel fand im Olympiastadion in München statt.
- ☐ Josef Dieter Maier wurde „der Kater von Anzing" genannt.
- ☒ Sepp Maier war immer schon ein humorvoller Mensch.
- ☐ Früher war Sepp Maier einer der besten Torschützen.

(2) **Du findest im Text verschiedene Bezeichnungen für das Tier, das Sepp Maier gefangen hat. Schreibe sie auf.**

Watscheltier, Stockente, Schnattertier,
Federtier

(3) **Was bedeutet „das Tor sauber halten"? Unterstreiche die richtige Erklärung.**

- darauf achten, dass sich kein Schmutz im Tor anhäuft
- darauf achten, dass niemand zu nah ans Tor kommt
- darauf achten, dass kein Ball ins Tor kommt

4 **Finde Begriffe im Text, die das gleiche bedeuten. Schreibe die Begriffe auf und gib die Zeilennummern an, in denen sie stehen.**

- ganz alleine: einsam — Zeilen: 10, 11
- ganz winzige Zeiteinheiten: Bruchteile einer Sekunde — Zeile: 5
- Handlungen: Spielgeschehen — Zeile: 8
- nicht brav: frech — Zeile: 21

Logisch – logisch?

Lies zuerst alle Hinweise genau durch bevor du beginnst!

1. Jakob ist Torwart.
2. Der Junge mit der Nummer 10 hat Locken.
3. Lena hat zwei Nachbarn neben sich stehen.
4. Der Stürmer ist begeisterter Fan des VfB Stuttgart.
5. Das Oberteil mit der Nummer 9 ist grün.
6. Neben Markus steht Moritz.
7. Das Mädchen spielt Libero.
8. Sie trägt das Trikot mit der Nummer 5.
9. Das Trikot mit der zweistelligen Nummer ist blau.
10. Markus steht rechts außen.
11. Der Torwart hat die Nummer 1.
12. Das Kind ganz links ist Fan des 1. FC Nürnberg.
13. Schalke 04 wird von Lena verehrt.
14. Der Junge, der rechts außen steht, ist Mitglied bei der Eintracht Frankfurt.
15. Das T-Shirt des Torwarts ist gelb.
16. Ein Shirt ist rot.
17. Ein Kind ist Mittelfeldspieler.

Achtung! Die Hinweise stehen nicht in der richtigen Reihenfolge!

Trage auf den Bildern und in der Tabelle die folgenden Informationen ein.

- Wie heißen die Kinder?
- Welche Nummern tragen sie auf dem Trikot?
- Welche Farben haben die Shirts?
- Auf welcher Position spielen sie in der Mannschaft?
- Wie heißt ihr Lieblingsverein?

?	1 gelb	5 rot	9 grün	10 blau
Name	Jakob	Lena	Moritz	Markus
Spieler-position	Torwart	Libero	Stürmer	Mittelfeld-spieler
Lieblings-verein	1. FC Nürn-berg	Schalke 04	VfB Stutt-gart	Eintracht Frankfurt

Fußballrätsel

1. Bodenbelag in einem Stadion
2. Preis am Ende eines Fußballturniers
3. Weltfußballverband (Abkürzung)
4. Tierhaut, aus der früher Fußbälle hergestellt wurden
5. Spieleranzahl einer Mannschaft
6. Das pfeift der Schiedsrichter
7. Die Mehrzahl von Stadion
8. Er hält den Ball
9. Anderes Wort für Mannschaft
10. Übungsstunden für Fußballspieler
11. Eine Spielzeit von 45 Minuten nennt man eine …
12. Ein anders Wort für Fußballstadion
13. Metallstift unter dem Fußballschuh
14. Damit kann man auch im Dunkeln Fußball spielen
15. Weiteres Wort für Fan
16. Ein Spieler tritt den Ball
17. Da sitzen die Zuschauer
18. Eine Kartenfarbe des Schiedsrichters
19. Die schauen beim Spiel zu
20. Es hängt am Tor

1 R A S E N
2 P O K A L
3 F I F A
4 L E D E R
5 E L F
6 F O U L
7 S T A D I E N
8 T O R W A R T
9 T E A M
10 T R A I N I N G
11 H A L B Z E I T
12 A R E N A
13 S T O L L E N
14 F L U T L I C H T
15 A N H Ä N G E R
16 S C H U S S
17 T R I B Ü N E
18 G E L B
19 Z U S C H A U E R
20 N E T Z

Tipp: Bei Rätseln verwendet man Großbuchstaben.

Pausenfußball

Florian geht in die vierte Klasse der Grundschule Neuhausen.
In den Pausen spielen fast alle Jungen mit großer Begeisterung Fußball.
Aber auch die Mädchen haben sich inzwischen zu Mannschaften zusammengeschlossen.
Die Rektorin Frau Huber will genau wissen, wie viele Kinder diese Sportart ausüben. Sie erstellt ein Schaubild (Diagramm).

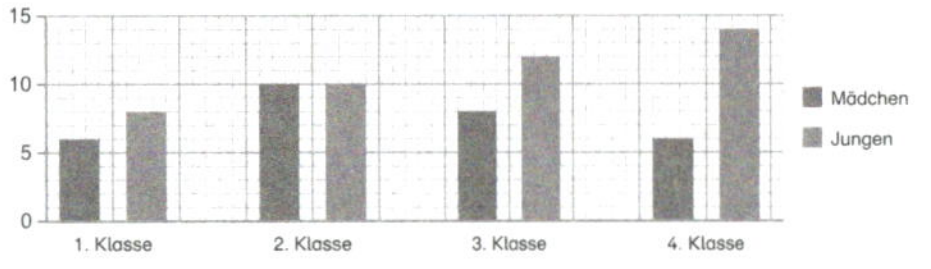

① **Wie viel mehr Jungen als Mädchen spielen Fußball?** 14 Jungen

② **In welcher Klasse wird von genauso vielen Mädchen wie Jungen Fußball gespielt?** 2. Klasse

③ **In welchen Klassen spielen gleich viele Kinder Fußball?**
2. Klasse, 3. Klasse und 4. Klasse

④ **In Florians Klasse gehen 28 Schüler. Davon sind 17 Jungen.**
a) Wie viele Jungen spielen nicht Fußball? 3 Jungen
b) Wie viele Mädchen spielen nicht Fußball? 5 Mädchen

5 **Die Grundschule Neuhausen wird von 124 Schülern besucht. Die Hälfte davon sind Jungen.**
a) Wie viele Jungen beteiligen sich in der Pause nicht am Fußballspiel?
18 Jungen

b) Wie viele Mädchen können sich nicht für Fußball begeistern?
32 Mädchen

	wahr	falsch
• Ein reguläres Spiel dauert zweimal 45 Minuten.	☐	☐
• Auf einem Fußballfeld gibt es Bodenmarkierungen.	☐	☐
• Die Abwehrspieler stehen immer im Tor.	☐	☐
• Ein Tor ist gültig, wenn der Ball ganz über die Torlinie gerollt ist.	☐	☐
• Bekommt ein Spieler die Gelbe Karte, muss er das Spielfeld verlassen.	☐	☐
• Wenn der Ball über die Seitenlinie geht, ist er im „Aus".	☐	☐
• Elfmeter dürfen nur von Stürmern geschossen werden.	☐	☐
• Die Rote Karte ist eine Belohnung für besonders gute Spieler.	☐	☐
• In der Halbzeitpause machen alle Spieler Dehnungsübungen auf dem Platz.	☐	☐
• Es ist verboten den Ball absichtlich mit der Hand zu spielen.	☐	☐
• Tore dürfen nur mit dem Kopf erzielt werden.	☐	☐
• Bei einem Unentschieden entscheidet der Schiedsrichter, wer das Spiel gewinnt.	☐	☐
• Es gibt auf dem Spielfeld den Elfmeterpunkt, von dem aus der Strafstoß geschossen wird.	☐	☐
• Der Torwart trägt immer die Trikotnummer 1.	☐	☐
• Fehlpässe werden mit der Gelben Karte bestraft.	☐	☐
• Der Anstoß findet vom Elfmeterpunkt aus statt.	☐	☐
• Wenn man sich fallen lässt ohne wirklich gefoult worden zu sein, nennt man das „Schwalbe".	☐	☐

Was weißt du über den Torhüter?

Ein Torhüter hat viele Namen: Torwart, Torwächter, Torsteher oder Tormann. Seine wichtigste Aufgabe ist es zu verhindern, dass der Ball ins eigene Tor gelangt. Er trägt eine spezielle, schützende Kleidung, die ihn optisch von den anderen Spielern unterscheidet. In der Regel hat er die Rückennummer 1.

Wenn du dich für die Position als Torhüter entscheidest, solltest du über eine gute Beobachtungs- und Wahrnehmungsfähigkeit verfügen. Du musst in der Lage sein, dich voll auf das Spiel zu konzentrieren und schon frühzeitig erkennen, aus welcher Richtung und vor allem wie der Ball auf dich zukommen wird.

Deine Bewegungsabläufe sollten schnell und sicher sein. Du musst Bälle sehr gut fangen und fausten können. Trainiere regelmäßig! Zum Festhalten des Balls müssen immer beide Hände benutzt werden. Torwarthandschuhe sind dabei unerlässlich.

Kannst du schnell reagieren? Das ist nämlich besonders wichtig. Innerhalb von Sekunden musst du dich entscheiden, wie du den Ball sicher abwehren kannst: fangen oder fausten? Springen oder strecken? Dabei ist eine große Sprungkraft unentbehrlich.

Eine klare, deutliche und laute Ausdrucksweise ist als Torhüter von Vorteil. Nicht nur bei einem anstehenden Freistoß solltest du deinem Team klare Anweisungen geben können. Der akustische Kontakt zu deinen Verteidigern hilft dir die Abwehr optimal zu organisieren. Deine Aufgabe als Torwart ist es auch, den Ball zurück ins Spiel zu bringen. Hierbei kannst du den Ball werfen, rollen oder mit dem Fuß weit hinaus in das Spielfeld abschlagen. Wichtig ist in jedem Fall das genaue Zuspielen zu einem deiner Mitspieler.

Fülle den Lückentext richtig aus.

Die wichtigste Aufgabe eines ____________________ ist es, den Ball nicht in sein Tor zu lassen. Er trägt spezielle ____________________, die ihn von den anderen Spielern unterscheidet.

Als Torwart musst du dich voll auf das Spiel ____________________. Du musst frühzeitig erkennen, aus welcher ____________________ der Ball auf dich zukommt.

Deine ____________________ sollten schnell und sicher sein. Zum ____________________ des Balls musst du beide Hände benutzen. Regelmäßig solltest du ____________________! Oft musst du dich innerhalb von ____________________ entscheiden, wie du den Ball abwehren kannst. Dabei ist eine große ____________________ unerlässlich.

Eine klare und laute ____________________ ist von deutlichem Vorteil. Nicht nur bei einem anstehenden ____________________ solltest du deiner Mannschaft ____________________ geben können.

Mit einem Abschlag bringst du den Ball zurück auf das ____________________. Das genaue Zuspielen zu einem deiner ____________________ ist dabei sehr wichtig.

Diese Schüttelwörter können dir helfen:

meElfter druckswei Ausse feweabBegungsläu
dungKlei tenhalFest renzenkontrie
wartsTor nietrairen Ansunweigen kraftSprung
tungRich denkunSe feldSpiel Mitlerspie

Sanni war neu in der Klasse 3b. Erst vor zwei Wochen war sie mit ihren Eltern nach Bergheim gezogen. So richtig Anschluss hatte das Mädchen noch nicht gefunden.

Heute war Dienstag. Sanni stand verloren am Pausenhof und kaute an ihrem Apfel herum. Keiner beachtete sie. Eine Doppelstunde Handarbeiten, Deutsch und Mathe hatte sie schon hinter sich. Jetzt freute sie sich noch auf zwei Stunden Sport.

Auf der Wiese war ein Großteil ihrer neuen Klasse mit einem Fußball zugange. Sanni schaute den anderen beim Spielen zu. Wie gern hätte sie mitgemacht! In ihrer alten Schule in Moosburg war sie sogar in der Schulmannschaft gewesen.

In diesem Moment rollte ihr der Ball vor die Füße. Geschickt kickte Sanni das Leder zu dem Torwart, der nun Abstoß hatte. „Du kannst Fußball spielen?“, fragte Mirko, einer aus der Klasse, neugierig.

„Klar, ich hab an meinem alten Wohnort sogar in einem Verein gespielt“, erwiderte Sanni verlegen. „Dann komm und wechsle mich aus“, meinte Heinz, der neben Mirko stand. „Ich hab einen dicken Schnupfen und bin schon völlig außer Puste!“

Das ließ sich Sanni nicht zweimal sagen. Mit roten Backen lief sie aufs Spielfeld. Mit Feuereifer kickte sie die letzten Minuten der Pause mit. Da läutete es zur fünften Stunde.

Auf dem Weg zur Turnhalle kam Mirko auf sie zu: „Du spielst gar nicht übel! Hast du Lust am Nachmittag zur Grieser-Wiese zu kommen? Da treffen wir uns heute ab 15 Uhr zu einem kleinen Match.“

„Klar! Gern!“, rief Sanni und strahlte übers ganze Gesicht.

1 **Wo wohnte Sanni früher?**

☐ Bergheim ☐ Bergham ☐ Moosburg ☐ Moosbruck

2 **Was stimmt? Kreuze an.**

☐ Sanni hat früher in einem Verein gespielt.
☐ Sanni mag Sport nicht.
☐ Sanni kann gut Fußball spielen.
☐ Sanni hat Schnupfen.
☐ Sanni war in ihrer alten Schule in der Schulmannschaft.
☐ Sanni isst in der Pause einen Apfel.
☐ Zwei Jungen aus ihrer neuen Klasse heißen Marco und Heinz.

3 **Welches Wort für „schießen/spielen“ steht im Text?**

☐ kickte ☐ bolzte ☐ schoss ☐ donnerte

4 **Welches andere Wort für „Fußball“ steht im Text?**

☐ Kugel ☐ Rund ☐ Pille ☐ Leder ☐ Ei

5 **Wie heißt das Mädchen in der Geschichte wohl mit richtigem Namen?**

☐ Stella ☐ Susanne ☐ Selina ☐ Hanna

6 **Wie viele Stunden hatte die Klasse an diesem Tag Unterricht?**

☐ 4 Stunden ☐ 5 Stunden ☐ 6 Stunden ☐ 8 Stunden

Fußball-Golf

Die neue Sportart Fußball-Golf hat ihren Ursprung in Schweden. Ihre internationale Bezeichnung ist „Soccergolf“. Es handelt sich dabei um eine Kombination aus den beiden Ballsportarten Fußball und Golf.

Fußball-Golf ist ein Freizeitspaß für die ganze Familie. Ohne Kurs, Platzreife oder Ausrüstung kann sofort angefangen werden. Kleidervorschriften gibt es keine. Gespielt wird nicht mit einem Schläger. Der Fußball wird direkt mit dem Fuß vom Boden abgeschossen.

In der Regel besteht eine Runde Fußball-Golf aus 18 Spielbahnen. Diese sind zwischen 30 und 250 Meter lang. Deshalb müssen ungefähr zwei Stunden Zeit für einen Durchgang eingeplant werden. Bis zu sechs Spieler können an einer Runde teilnehmen. Ziel des Spiels ist das „Einlochen“. Eingelocht ist ein Ball dann, wenn er am Ende einer Bahn innerhalb eines Lochs ruhig liegen bleibt.

Jeder Spieler sollte den Ball mit möglichst wenigen „Kicks“ (Schüssen) über die verschiedensten Hindernisse hinweg ins vorgegebene Loch befördern. Oft gibt es auch lustige Sonderziele: höher gelegte Steintöpfe, in die eingelocht werden muss, Zäune zum Überlupfen oder Löcher in einer Netztorwand. Auch ein offener Kofferraum kann durchaus als Zielobjekt dienen. Schießt aber ein Teilnehmer den Ball in eine andere Bahn, so gibt es einen Strafpunkt.

Zum Schluss werden alle Kicks zusammengezählt. Gewonnen hat der Spieler, der insgesamt die niedrigste Summe an Schüssen auf allen Bahnen erzielt hat.
Fußball-Golf ist inzwischen eine anerkannte Sportart, in der sogar schon Weltmeisterschaften ausgetragen wurden.

Jana hat diesen Text geschrieben. Ergänze die fehlenden Angaben.

Am Sonntag feierte meine Oma ihren Geburtstag. Sie hatte eine tolle Idee: Sie lud unsere ganze Familie zum ______________ (Soccergolf) nach Neuhausen ein. Das ist eine neue Sportart die aus ______________ ______ ______ kombiniert wurde. Opa erzählte uns, dass dieser Spaß seinen Ursprung in ______________ hatte und inzwischen sogar schon international ausgetragen wurden.

Ohne Vorbereitung legten wir gleich los. ______________ gab es keine. Wir spielten mit einem ______________, der mit dem ______________ direkt vom Boden abgeschossen wurde.

Eine Runde bestand aus ____ Spielbahnen, die zwischen ____ und ____ Metern lang waren. Wir planten ungefähr ______ ______________ für einen Durchgang ein. Da höchstens ______ ______________ eine Gruppe bilden, konnten wir alle zusammenbleiben.

Jeder versuchte nun, den Ball mit möglichst wenigen ______________ einzulochen. Wir lachten Tränen, als Oma sich vergeblich mühte, den Ball in den ______________ eines alten Autos zu versenken. Mama schoss ihren Ball zweimal in eine andere Bahn. Das gab ordentlich ______________. Am Ende wurden alle ______________ zusammengezählt. Der Spieler, der insgesamt die ______________ ______________ an Schüssen erzielt hatte, war der Sieger.

DFB-Pokalsieger zwischen 1984 und 2010

1984/1985	Bayer 05 Uerdingen
1985/1986	FC Bayern München
1986/1987	Hamburger SV
1987/1988	SG Eintracht Frankfurt
1988/1989	Borussia Dortmund
1989/1990	1. FC Kaiserslautern
1990/1991	SV Werder Bremen
1991/1992	Hannover 96
1992/1993	Bayer 04 Leverkusen
1993/1994	SV Werder Bremen
1994/1995	Borussia Mönchengladbach
1995/1996	1. FC Kaiserslautern
1996/1997	VfB Stuttgart
1997/1998	FC Bayern München
1998/1999	SV Werder Bremen
1999/2000	FC Bayern München
2000/2001	FC Schalke 04
2001/2002	FC Schalke 04
2002/2003	FC Bayern München
2003/2004	SV Werder Bremen
2004/2005	FC Bayern München
2005/2006	FC Bayern München
2006/2007	1. FC Nürnberg
2007/2008	FC Bayern München
2008/2009	SV Werder Bremen
2009/2010	FC Bayern München

1. **Wie oft war der FC Bayern München Pokalsieger?**

___

2. **Welche Mannschaften waren nur einmal Pokalsieger? Unterstreiche sie in der Tabelle.**

3. **Welche Aussagen sind richtig? Kreuze an.**

- ☐ Bayer 04 Leverkusen wurde sechs Jahre nach dem Hamburger SV Pokalsieger.
- ☐ Werder Bremen war fünfmal Pokalsieger.
- ☐ In der Saison 2004/2005 gewann Werder Bremen den Pokal.
- ☐ Schalke 04 gewann zweimal hintereinander den Pokal.
- ☐ Hannover 96 gewann vor der Eintracht Frankfurt den Pokal.
- ☐ Viermal gewann Bayern München vor und nach Werder Bremen den Pokal.
- ☐ In der Saison 1988/1989 gewann Borussia Dortmund den Pokal.

4. **Wie oft wurde eine Mannschaft Pokalsieger, die diese Bezeichnungen im Mannschaftsnamen trägt.**

Borussia: ___

Fußballclub (FC): ___

Sportverein (SV): ___

5. **Das sind Aussagen von Fußballfans. Wer hat recht? Unterstreiche passende Sätze.**

- Der FC Bayern ist die erfolgreichste Mannschaft der letzten Jahre.
- Seit vielen Jahren versucht Werder Bremen vergeblich sich gegen den FC Bayern durchzusetzen.
- Zu Beginn dieses Jahrtausends war Schalke 04 sehr erfolgreich.

Keine Pfeifen!

Der Schiedsrichter ist eine wichtige Figur auf dem Feld. Er heißt auch „Unparteiischer“ und hat die Aufgabe zu schauen, dass ein Spiel fair und nach den Regeln abläuft. Während einer Begegnung muss er immer sofort entscheiden.

Diskussionen gibt es immer wieder über technischen Hilfen, wie z. B. Computerchips im Ball oder Kameras, die Spielsituationen aus allen Positionen aufnehmen und damit dem Schiedsrichter wichtige Informationen geben. Die einmal getroffenen Entscheidungen sind endgültig, selbst wenn nachher Fehler festgestellt werden.

Der Spielleiter unterbricht ein Spiel, z. B. wenn der Ball im Aus landet, wenn gefoult wird, bei Abseits und Handspiel. Kommt es zu Regelverstößen, kann der Unparteiische die Spieler ermahnen, bei gröberen Verstößen die Gelbe Karte zücken und bei ganz schlimmen oder wiederholten Fouls die Gelb-Rote Karte oder sogar die Rote Karte ziehen. Dabei werden jeweils der Name und die Spieler-Rückennummer vom „Mann in Schwarz“ notiert.

Bei seinen Entscheidungen und bei der Leitung des Spiels unterstützen ihn die Schiedsrichterassistenten an den Außenlinien. Sie geben dem Schiedsrichter mit ihren Fahnen verschiedene Zeichen, die z. B. Einwurf, Abseits oder die Einwechslung eines neuen Spielers anzeigen.

Der wohl berühmteste Schiedsrichter ist der Italiener Pierluigi Collina. Er hat schon fünfmal die Auszeichnung „Weltschiedsrichter des Jahres“ erhalten. Der bekannteste deutsche Schiedsrichter war bislang Dr. Markus Merk. Es gibt auch Schiedsrichterinnen, die Spiele pfeifen, sogar bei Herrenbegegnungen.

1 **Ordne die Überschriften den Absätzen zu. Nummeriere in der richtigen Reihenfolge. Achtung, es haben sich auch falsche Überschriften eingeschlichen!**

_____ Fehler kommen vor

_____ Bekannte Namen

_____ Was Schiedsrichter verdienen

_____ Wenn es zu Verstößen kommt

_____ Schiedsrichter haben Gehilfen

_____ Schiedsrichter sind wichtig

_____ Die Ausrüstung der Schiedsrichter

2 **Welche technischen Hilfen werden erwähnt?**

- ☐ Computerchips in Bällen
- ☐ Kameras
- ☐ Messgeräte
- ☐ Vergrößerungsgeräte

3 **Aus welchem Land stammt Pierluigi Collina?**

____

4 **Welche drei Namen für den Schiedsrichter findest du noch im Text?**

____

____

____

Caruso - der Superball
Der rollende Rasenflitzer
für den anspruchsvollen Fußballer!
Nur noch zwei Wochen zu haben!
Beim Kauf von 4 Fußbällen
erhalten Sie 1 gratis dazu
Caruso trifft bei jedem Schuss!
Mit dem Verlieren ist jetzt Schluss!
Zwei Jahre Garantie!
In folgenden Farben erhältlich:
rot blau orange gelb lila
Sportlich-elegantes Markenmodell!
ist leicht wie eine Feder
schmutzunempfindlich, reinigt sich von selbst
schmiegt sich gekonnt an jeden Fußballschuh
zischt zackig und zielstrebig auf das Tor zu
Heute kaufen - morgen gewinnen!
Garantiert!

(1) **Welche Aussagen stimmen nicht? Streiche sie durch.**

- Caruso ist ein Fußballschuh.
- Der Ball ist nur in der abgebildeten Ausgabe erhältlich.
- Die Werbung beinhaltet Reime.
- Alles, was auf dem Werbeplakat versprochen wird, wird Wirklichkeit.
- Zehn Fußbälle bekomme ich für den Preis von acht Fußbällen.
- Den Ball kann ich auch in 20 Tagen noch kaufen.
- Den Ball muss ich nach jedem Fußballspiel mit einem feuchten Tuch putzen.
- Der Ball wiegt sehr wenig.
- Der Ball ist für Leute gedacht, die sich nicht leicht mit etwas zufriedengeben.
- Geht der Ball in 30 Monaten kaputt, so bekomme ich umsonst einen neuen Ball.

(2) **Bei welchem Werbespruch findest du einen Reim? Kreise die Reimwörter ein.**

3 **Hansi hat Caruso gekauft. Beim nächsten Fußballspiel schießt er Caruso auf das Tor und trifft daneben. Seine Mannschaft verliert deshalb. Welche beiden Werbesprüche haben sich nicht erfüllt? Schreibe auf.**

____

____

____

Das Spielfeld

Die Breite des rechteckigen Spielfeldes
liegt zwischen 45 und 90 Metern.
Die Länge darf 120 Meter nicht überschreiten.
Für internationale Fußballspiele ist seit 2008
von der FIFA eine Breite von 64 bis 75 Metern
sowie eine Länge von 100 bis 110 Metern vorgeschrieben.
Jugendmannschaften spielen auf kleineren Feldern.

Das Tor

Der Abstand zwischen den beiden Torpfosten beträgt 7,32 Meter. Die Höhe ist auf 2,44 Meter festgelegt. Ein Tor zählt, wenn der Ball – egal ob in der Luft oder am Boden – die Torlinie vollständig überquert hat.

Die Mannschaft

Fußball wird von zwei gegnerischen Mannschaften mit je zehn Feldspielern und einem Torwart gespielt. Dazu kommen noch die Reservespieler.
Bei der F-, E- und D-Jugend stehen sich jeweils nur sieben Spieler gegenüber, da sie auf einem Kleinfeld spielen.

Die Spielzeit

Ab der A-Jugend dauert ein Spiel zweimal 45 Minuten. Die Pause zur Halbzeit beträgt 15 Minuten. Oft ist die tatsächliche Spielzeit um einige Minuten länger. Diese sogenannte Nachspielzeit kann vom Schiedsrichter wegen vorangegangener Unterbrechungen angeordnet werden.
In den Jugendmannschaften wird kürzer gespielt.

Der Schiedsrichter

Der Schiedsrichter überwacht die Einhaltung der Regeln auf dem Spielfeld. Unterstützt wird er von zwei Assistenten (Linienrichtern) an den langen Seiten des Feldes.
Bei internationalen Spielen und in der Bundesliga wird ein weiterer Assistent („der Vierte Offizielle") eingesetzt. Er überwacht das Verhalten der Trainer, Betreuer und Ersatzspieler. Außerdem überprüft er das Auswechseln von Spielern und zeigt die Nachspielzeit an.

Wenn man die Altersgruppe der A-Junioren verlassen hat, spielt man in einer Seniorenmannschaft.

1 Welche Maße hat ein Fußballtor?

Höhe: ______

Breite: ______

2 Wie werden Schiedsrichter in der Fußballsprache bezeichnet?

☐ Offizier ☐ Offiziell ☐ Offizient ☐ Offizielles ☐ Offizielle

3 Wie viele Feldspieler stehen bei einem Fußballspiel auf dem Feld?

in einer Seniorenmannschaft: ____ Feldspieler

in der E-Jugend: ____ Feldspieler

4 Wie lange dauert ein Fußballspiel mit drei Minuten Nachspielzeit?

☐ 45 Minuten ☐ 90 Minuten ☐ 93 Minuten ☐ 105 Minuten

5 Welche Aufgaben muss der vierte Assistent erfüllen? Unterstreiche im Text.

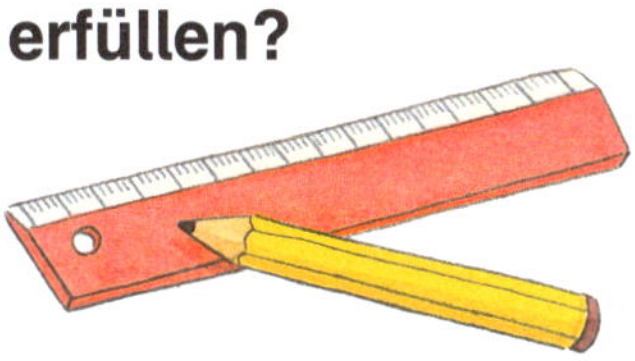

6 Kreuze an, was für die Jugendmannschaften zutrifft.

☐ Sie spielen auf längeren Feldern.
☐ Sie spielen auf kleineren Feldern.
☐ Sie spielen kürzere Halbzeiten.
☐ Sie spielen mit mehr als zehn Feldspielern.

Vater war wütend. Wie sah es denn im Badezimmer aus!
Lorenz hatte den ganzen Spiegel mit rotem Lippenstift vollgeschmiert.
So eine Frechheit! Was bildete sich der Kerl denn ein! Wieso ärgerte er ihn so? Er hatte den Jungen extra Fußball spielen lassen, obwohl es besser gewesen wäre, das Kind hätte Mathe geübt.
Lorenz war nicht gerade eine Leuchte in Mathematik und der Vater hatte gesagt: „Solange du nicht bessere Noten schreibst, brauchst du auch nicht Fußball spielen!“ Da war Lorenz sehr traurig geworden und hatte den Kopf hängen lassen. „Ich spiele doch so gern Fußball, Vater! Schließlich braucht man doch Bewegung und diese Rechnerei ist nun mal echt schwer. Ich streng mich wieder mehr an, wenn du mich heute das Spiel gegen den FC Kickershausen mitspielen lässt!“ Da war der Vater darauf eingegangen. Er hatte sich gedacht, dass der Junge ja recht hat. Es war eigentlich unsinnig das Fußballspielen zu verbieten.
Aus diesem Grund hatte er ihn auf den Fußballplatz gebracht und ihm zugeschaut und war glücklich gewesen, dass sich der Junge so gefreut hatte. Und seine Mannschaft hatte auch noch gewonnen!
Und nun das! „Lorenz!“, schrie der Vater, „Komm sofort ins Badezimmer!“ Der Junge war gerade von der Schule gekommen. In der Früh war die Zeit knapp. Aber offensichtlich hatte er genügend Zeit gehabt, den Spiegel mit Mutters Lippenstift vollzuschreiben. „Lorenz!“, brüllte der Vater noch lauter als zuvor und stampfte auf den Boden. Was dachte sich der Junge nur?! Zitternd eilte Lorenz Richtung Badezimmer. Der Vater wartete ungeduldig.
Sein Gesicht war rot vor Zorn. Aber was hatte der Bursche eigentlich auf den Spiegel geschrieben?
Vater las: „Danke, allerbester Papa der Welt!!!“
Als Lorenz im Badezimmer erschien, grinste der Vater.

1 **Welche Überschriften würden zu der Geschichte auch passen? Kreise sie ein.**

Das ungerechte Fußballspiel

Man muss nur genau lesen!

Vaters Lippenstift

Sieg für den FC Kickershausen

Eine plötzliche Wendung

2 **Wer ist gemeint? Schreibe „V“ für Vater und „L“ für Lorenz hinter die Aussagen. Manchmal ist auch beides richtig.**

- Er hat den Lippenstift benutzt. _____
- Er ist in Mathematik nicht besonders gut. _____
- Er war sehr wütend. _____
- Er hatte Angst. _____
- Er reagierte gutmütig. _____
- Er war interessiert an Fußball. _____
- Er wollte eigentlich strenger sein. _____
- Er war dankbar. _____
- Er mochte ihn sehr gerne. _____

Es sind auch mehrere Antworten möglich.

3 **Was könnte der Vater am Ende gesagt haben? Kreuze an.**

- ☐ „Auf was du alles kommst, Junge!“
- ☐ „Du bist so ein undankbarer Kerl!“
- ☐ „So geht das nicht weiter mit dir! Mir reicht es!“
- ☐ „Du bist mir so ein Schlingel!“
- ☐ „Was du geschrieben hast, ist echt nett!“
- ☐ „Diese Schmiererei am Spiegel wischst du sofort weg!“

Voll getroffen!

Im Schulhaus tickt im langen Flur,
tagaus, tagein die große Uhr,
sagt allen hier, wie spät es ist.
Der Christopher die Zeit bemisst,
bis endlich ist die große Pause,
denn dann läuft er rasch aus dem Hause,
packt auf dem Rasen aus den Ball.
Und schon sind gleich von überall
ganz viele Kinder da zum Kicken.
Kein Mensch hört mehr die Uhr nun ticken.
Doch plötzlich ist die Pause aus,
die Kinder müssen rasch ins Haus.
Heut klingelt es auch zu der Pause,
doch alle bleiben jetzt im Hause,
denn draußen regnet es doch nur.
Die Kinder spielen auf dem Flur.
Christopher schießt den Gang entlang,
der Uhr wird schon ganz angst und bang.
Und eh die Uhr zeigt: Pause aus –
geschieht es dann, oh weh, oh Graus!
Der Ball fliegt hoch zur Uhr hinauf,
da gibt die Uhr den Geist gleich auf,
denn dieser Schuss die Uhr voll traf!
Christopher ist ganz plötzlich brav,
wird kreidebleich nun um die Nase.
„Was ist gebrochen, eine Vase?“,
fragt aufgeregt der Lehrer Binder.
Und auf dem Gang stehn alle Kinder.
Sie sehen Christophers Verdruss.
Es gongt, mit Pause ist nun Schluss.
„Das kann nicht sein!“, ruft Jasemir,
„laut Uhr ist Pause jetzt und hier.“
Da jubeln alle weit und breit,
denn Pause ist für allezeit!

1 **Was passiert in dem Gedicht? Kreuze richtige Aussagen an.**

- ☐ Ein Junge schießt Christophers Uhr mit dem Fußball kaputt.
- ☐ Christopher freut sich immer auf die Pause, weil er dann Fußball spielen kann.
- ☐ Auf dem Rasen spielt Christopher immer alleine Fußball.
- ☐ Christopher schießt während der Pause auf die Uhr, sodass sie stehen bleibt.
- ☐ Durch Jasemirs Schuss ist die Uhr kaputtgegangen.
- ☐ Christopher bekommt Angst, als er bemerkt, was er angestellt hat.
- ☐ Jasemir freut sich, weil die Uhr im Flur heruntergefallen ist.
- ☐ Jasemir freut sich, dass an diesem Tag alle im Flur Fußball spielen dürfen.
- ☐ Jasemir freut sich, weil die Uhr jetzt immer eine Zeit angibt, in der eigentlich Pause ist.
- ☐ Die Kinder spielen im Flur Fußball, weil der Pausenhof gesperrt ist.
- ☐ Die Kinder spielen im Gang Fußball, weil es draußen regnet.
- ☐ Der Lehrer bemerkt zunächst nicht, dass die Uhr kaputt ist.
- ☐ Der Lehrer schimpft sofort, weil Christopher die Uhr kaputt gemacht hat.
- ☐ Die Kinder nehmen an, dass nun immer Pause ist, weil die Uhr eine Zeit anzeigt, die in der Pause liegt.
- ☐ Die Kinder sind wütend, weil Christopher etwas kaputt gemacht hat.
- ☐ Der Lehrer heißt Herr Bender.
- ☐ Im Gedicht hat die Uhr ein Gefühl.

2 **Finde für diese Wörter im Gedicht Wörter mit der gleichen Bedeutung. Unterstreiche sie in der entsprechenden Farbe.**

Ärger   Ende   artig   leichenblass

Viele Fußbälle, die in Deutschland gekauft werden, sind in Pakistan hergestellt worden. Das ist ein Land in Asien. Der Ort, an dem die meisten Bälle in reiner Handarbeit genäht werden, heißt Sialkot. Dort werden von Erwachsenen, aber auch von etwa 7000 Kindern, die Einzelteile dieses Sportgeräts aus wabenförmigen Kunststoffteilen zusammengefügt. Je Ball sind das etwa 700 Nadelstiche, die da vonnöten sind.

Ein Erwachsener kann etwa drei bis fünf Bälle am Tag, ein Kind etwa zwei bis drei Bälle herstellen. Kinderarbeit ist eigentlich verboten in Pakistan. Daher haben sich viele große Sportartikelhersteller verpflichtet, ihre Bälle in Nähfabriken ohne Kinderarbeit fertigen zu lassen. Aber es gibt einfach nicht genügend Kontrollen von Behörden, die die Kinderarbeit verhindern würden. Außerdem arbeiten viele Kinder daheim und nicht in Fabriken. Sie unterstützen so ihre Familien, die sonst nicht genug Geld zum Leben hätten.

Die meisten Kinder, die in Sialkot Fußbälle nähen, sind zwischen fünf und dreizehn Jahren alt. Oft schuften sie von morgens um sieben Uhr bis spät in die Nacht. Kein Wunder, dass sie häufig über Schmerzen im Rücken und den Knien klagen. Denn meist sitzen die Kinder am Boden bei ihrer Arbeit und klemmen beim Nähen die Bälle zwischen den Beinen ein. Außerdem haben sie von dem Nähgarn, das sie sehr fest anziehen müssen, Blasen und Schnitte an den Händen. Oft leiden sie auch unter Kopfweh. Von Schule, Freizeit, Spielen und einer Berufsausbildung können sie nur träumen.

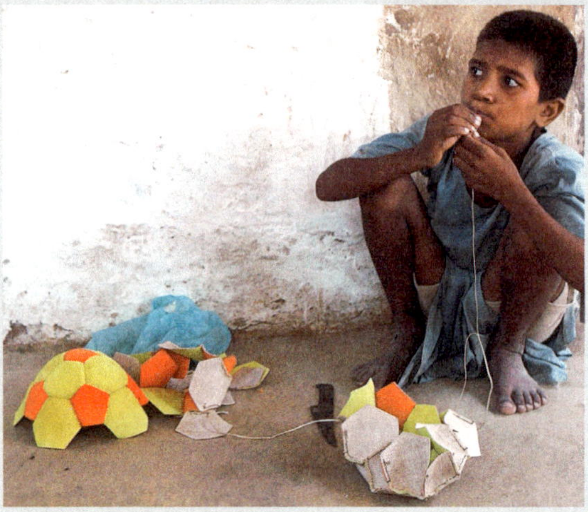

Und dabei bekommen sie je Fußball nur etwa 40 Cent bezahlt. Die gleichen Bälle werden bei uns für 50 Euro oder manchmal sogar für über 100 Euro verkauft.

(1) **Warum heißt Sialkot „Welthauptstadt des Fußballs"?**

- ☐ Weil von dort viele Fußballer kommen.
- ☐ Weil Sialkot eine berühmte Fußballmannschaft hat.
- ☐ Weil an diesem Ort die meisten Fußbälle weltweit hergestellt werden.
- ☐ Weil es in dem Ort besonders viele Fußballschulen gibt.

(2) **Ein Kind aus Sialkot bekommt für die Herstellung eines Fußballs nur ein paar Cent. Wie viel Geld bezahlen wir dagegen in Deutschland für einen dieser Fußbälle?**

☐ doppelt so viel ☐ zehnmal so viel ☐ mehr als 100-mal so viel

(3) **Auf welchen Missstand möchte dieser Zeitungsartikel aufmerksam machen?**

____

____

(4) **Warum sollte Kinderarbeit verboten sein? Kreuze an.**

- ☐ Oft leidet die Gesundheit der Kinder darunter.
- ☐ Die Kinder arbeiten zu langsam.
- ☐ Die Kinder haben keine Zeit in die Schule zu gehen.
- ☐ Die Kinder können nicht so gründlich arbeiten wie Erwachsene.
- ☐ Die Kinder können nicht spielen.

Es waren einmal zwei Brüder. Die beiden wurden am gleichen Tag in der gleichen Stunde geboren und sahen fast gleich aus. Es waren nämlich Zwillinge. Sie wuchsen heran und beide merkten, dass sie sehr, sehr gerne Fußball spielten. So verging kaum ein Tag, an dem sie nicht mit dem Ball auf dem grünen Rasen unterwegs waren. Auf diese Weise konnten sie immer besser Tore schießen, sich zupassen und sich freilaufen.

Bald spielten sie gemeinsam in einem Fußballverein. Oft waren es die beiden Zwillinge, die ihrer Mannschaft dabei halfen zu gewinnen. Eines Tages durften die Jungen bei wichtigen Vereinen wie dem TSV Brannenburg und der SpVgg (Spielvereinigung) Unterhaching spielen.
Schließlich wurden die beiden gefragt, ob sie zur Bundesliga-Mannschaft TSV 1860 München gehören wollen. Darüber waren sie sehr glücklich. In diesem wichtigen Verein spielten sie lange Seite an Seite.
Und sie wussten: Es war etwas Besonderes, wenn man zusammen mit dem Zwillingsbruder so gut Fußball spielen konnte, dass man sogar in der Bundesliga mitspielte. Die beiden verstanden sich prima und teilten sich eine Wohnung.

Dann aber trennten sich ihre Wege. Der eine spielte fortan bei einer sehr berühmten Mannschaft, die in der ersten Bundesliga war: Borussia Dortmund. Der andere wechselte bald darauf auch zu einer Mannschaft aus der ersten Bundesliga, nämlich zu Bayer 04 Leverkusen. Jetzt mussten die jungen Männer plötzlich auch gegeneinander spielen. Das war sicher ein komisches Gefühl. Aber sie verstanden sich trotzdem weiterhin gut. Und da sie noch lange nicht gestorben sind, leben sie noch immer glücklich und zufrieden ihr Fußballmärchen.
Übrigens: Die beiden heißen Sven und Lars Bender. Kennst du sie?

Schlag im Internet nach!

1 **Beantworte die Fragen.**

Wie hießen die beiden Zwillinge mit Vornamen? ____________________

Bei welchen Vereinen spielten die Zwillinge nicht miteinander?

____

Bei welchen Vereinen spielten die Zwillinge gemeinsam?

____

2 **Welche Wörter findest du nicht genau so im Text? Streiche sie durch.**

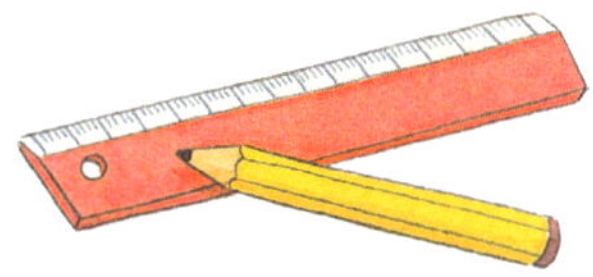

Brüder Mann Wiese Fußballverein Mannschaften Schuss Rasen

Verein Trikot Mannschaft Bundesliga Jungen Bruder Fußball Leder

3 **Welche Aussagen passen zu den Informationen aus dem Text? Kreuze sie an.**

Man muss ganz schön viel üben, wenn man so weit kommen möchte wie die Bender-Zwillinge. ☐	Ihr Leben lang haben die Zwillinge Seite an Seite mit-einander gekämpft. ☐	Bis in die erste Bundesliga haben es die Zwillinge geschafft! ☐
Als die Zwillinge gegeneinander spielen mussten, fingen die Probleme an. ☐	Die Zwillinge verstanden sich gut, wollten aber privat getrennte Wege gehen. ☐	Lange Zeit spielten beide bei einem bayerischen Verein. ☐

4 **Ist das „Märchen“ wirklich passiert?** ____________________

Markiere die versteckten Fußball-Wörter.

HALDNERZFEHLPASSAÖCMFUELÄNFTMITTELFELDSPIELERNAODL
AÄFNCIEJFSMIRSCHWALBEAÖCMFUSLFJRZWNCHDZRTAÖCMSUE
KFÖAMYSAIDÖZABSEITSKAÖFHETSNDKFHQWIENKPLATZVERWEIS
PZUANSTDAMXJSTORWARTTRAINERAKNDZEKANCGSDRIBBELN
WAMCHDKEURTFÖGMXJDHEOFLPOKALSPIELAMXNDPEKLFKDZE
MFHRPAMXHDFEPTFZRLDJFZRCAJHSDOWELTMEISTERALÖDHC
NDOPEDUZEBHFKLAPJAÖNDHAKISHSDHFRUFROPROFISPIELER
KAKHJJOSFOPOJPFSDOPLODFJOJSJLAÖSIDBUNDESLIGAÖAMSN
DJFOASAFOJAFSIJOQÖASKAQUWITRHZBCXMYXCZWEIKAMPFÖA
KAUWHENKCSJWNWLLDXNJQWOETEURKJMFNAMKSLODPFPF
EINWURFAÖSKDSHDKELFMETERÖAOWIUEHDBFÖAKSHBDTEZRI
RTMNFKVLOSÖAKSHDURKEOVERTEIDIGERAÖSJXDNCGEUROFS
LATORAUSLINIEAMCÖDJRGÖDÜEURNTJSJDFIUSIURGRUIGUHGU
IVGFNPOASDHBVAÜDNÖAIHGTORNETZÖAÖSDFHAÖOIBNGÖASB
GBNÖASBJGÖSGBIXKOPFBALLAÖWOGHBSOIDHAOIJKSKDFNAPE
UTNEOGDOAEIRGHASDGHNVAOPWIRZTBHOHIRGSPIELFELDÖAO
WRIHGBJSDÖJSDBGAOAWIOHTAWZETÄLSBNDGÄPPTEHÖLKNGIR
SCHIEDSRICHTERAÄSDÖOGNORNVILSÖDIGNNAÄPORHNGÄAROT
UJNANPFIFFTRNTNPORTLKNBAÜERIHKFHNKLSODFHÖLKSDHFÜP
OERTJNGÄÖSLDJGNIOEZABPFIFFKIRNKJESEITENLINIEANMEIT
HBFLEÖLEHGBAÖOERITHÖASBGALSIHORGBALGASGBAURG
MITTELKREISYMZXBFVOSATRHBASIEBNGFVAEIHBNGALWEWPOET
UBNGKNAMDJOPEHJFBFJDLDKFFGBHFALLRÜCKZIEHERSLDLJDBHF

Bitte lesen Sie vor Inbetriebnahme des Geräts die Gebrauchsanweisung sorgfältig.

Sicherheitshinweis

Dieses Gerät ist auf keinen Fall für Fantasielose geeignet!
Nur der erholungsbedürftige Torwart darf es benutzen!

Zubehör

Bitte prüfen Sie, ob folgende Teile vorhanden sind:
aufblasbares Netz, Pfosten mit besonderer Verschlusstechnik, Torwartpolsterbett mit eingebauter Saftbar

Installation

1. Stellen Sie das Tor auf dem für Ihre Mannschaft vorgesehenen Torplatz auf.
2. Überprüfen Sie, ob sich das Netz von selbst aufbläst und so den Ball wieder aus dem Tor schießt, sobald dieser auf das Netz trifft.
3. Entfernen Sie nun von den Pfosten die Transportverschlüsse. Probieren Sie aus, ob sich das Tor von selbst verschließt, sobald ein Ball in seine Nähe kommt.
4. Montieren Sie schließlich das Torwartpolsterbett auf das Tor und probieren Sie aus, ob die Saftbar Ihnen Ihren Lieblingssaft serviert, sobald Sie ihn nennen.

Was kann das besondere Tor alles? Kreuze an.

- ☐ Es wehrt den Ball ab, indem es sich verschließt.
- ☐ Es hat eine Schlafmöglichkeit.
- ☐ Es wehrt den Ball ab, indem es sich unsichtbar macht.
- ☐ Es wehrt den Ball ab, indem es den Ball zurückschießt.
- ☐ Es serviert Hot Dogs.
- ☐ Es kann selbst sprechen.
- ☐ Es stellt alle möglichen Getränke bereit.
- ☐ Es ist für Torwarte geeignet, die sehr müde sind.
- ☐ Es hat ein Netz, das die Spieler aufblasen müssen.

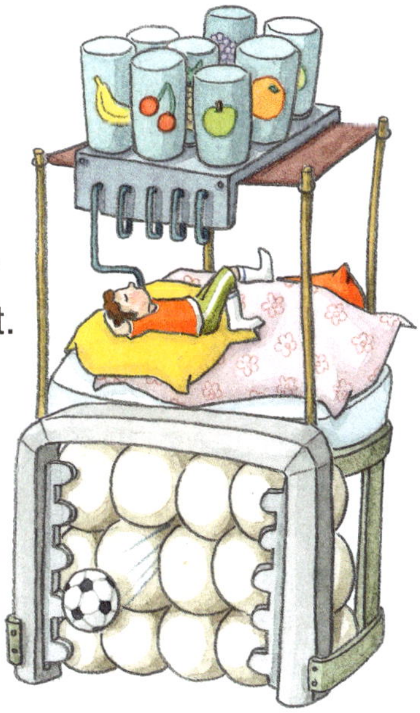

Vorsicht, Ente!

Das Publikum hielt gebannt den Atem an. Der Mann vor dem Tor konzentrierte sich auf den Elfmeter, den er unbedingt ins Tor der Bochumer bringen wollte.

Der Torwart des VfL (Verein für Leibesübungen) Bochum wartete angespannt auf den Schuss. Gleich würde das runde Leder auf ihn zufliegen und dann musste er in Bruchteilen einer Sekunde entscheiden, ob er nach links oder nach rechts hechtet.

20 000 Zuschauer waren im Olympiastadion in München.

Doch was war das?

Nur etwa 5 000 von ihnen verfolgten das Spielgeschehen am Tor der Bochumer. Und was war mit den restlichen Zuschauern?

Sie blickten zu dem anderen Tor, in welchem einsam und gelangweilt der Torwart des FC Bayern stand. Einsam und gelangweilt war er allerdings nur, bis ein Watscheltier angeflogen kam. Das war tatsächlich irgendwie auf den grünen Rasen gekommen und lief nun ungeniert darauf herum. Doch es hatte nicht mit Sepp, der „Katze von Anzing“ gerechnet. Die Leute nannten ihn so, weil er aus dem Ort Anzing bei München kam und sich auf den Ball stürzen konnte wie eine Katze auf ihre Beute. Immer wieder überraschte er mit tollen Aktionen und konnte auf diese Weise sein Tor „sauber halten“.

Und nun war seine Beute kein Ball, sondern eine gewöhnliche Stockente. Eine Weile beobachtete er das Schnattertier. Aber dann hechtete er mit einem Satz nach ihr. Die Zuschauer verfolgten das Schauspiel gespannt. Doch das freche Federtier war schneller als die flinke „Katze“. Immerhin hatte der Torwart Sepp Maier seinen Spaß und jene Szene ging in die Geschichte des Fußballs ein.

Sepp Maier war einst einer der besten Torhüter der Welt und gewann sehr viele Spiele. Eigentlich heißt er Josef Dieter Maier, aber alle nennen ihn Sepp. Späße hatte er immer schon auf Lager!

1 **Kreuze die richtigen Antworten an.**

- ☐ Der FC Bayern spielte gegen den SV Bochum.
- ☐ Sepp Maier war Torhüter des FC Bayern.
- ☐ Sepp Maier fing während des Spiels eine Gans.
- ☐ Während eines Elfmeters versuchte ein Torwart ein Tier zu fangen.
- ☐ Die Hälfte des Publikums sah Sepp Maier zu.
- ☐ Das Spiel fand im Olympiastadion in München statt.
- ☐ Josef Dieter Maier wurde „der Kater von Anzing“ genannt.
- ☐ Sepp Maier war immer schon ein humorvoller Mensch.
- ☐ Früher war Sepp Maier einer der besten Torschützen.

2 **Du findest im Text verschiedene Bezeichnungen für das Tier, das Sepp Maier gefangen hat. Schreibe sie auf.**

____

____

3 **Was bedeutet „das Tor sauber halten“? Unterstreiche die richtige Erklärung.**

- darauf achten, dass sich kein Schmutz im Tor anhäuft
- darauf achten, dass niemand zu nah ans Tor kommt
- darauf achten, dass kein Ball ins Tor kommt

4 **Finde Begriffe im Text, die das gleiche bedeuten. Schreibe die Begriffe auf und gib die Zeilennummern an, in denen sie stehen.**

- ganz alleine: ______________________ Zeilen: ______
- ganz winzige Zeiteinheiten: ______________________ Zeile: ______
- Handlungen: ______________________ Zeile: ______
- nicht brav: ______________________ Zeile: ______

Logisch – logisch?

1. Jakob ist Torwart.
2. Der Junge mit der Nummer 10 hat Locken.
3. Lena hat zwei Nachbarn neben sich stehen.
4. Der Stürmer ist begeisterter Fan des VfB Stuttgart.
5. Das Oberteil mit der Nummer 9 ist grün.
6. Neben Markus steht Moritz.
7. Das Mädchen spielt Libero.
8. Sie trägt das Trikot mit der Nummer 5.
9. Das Trikot mit der zweistelligen Nummer ist blau.
10. Markus steht rechts außen.
11. Der Torwart hat die Nummer 1.
12. Das Kind ganz links ist Fan des 1. FC Nürnberg.
13. Schalke 04 wird von Lena verehrt.
14. Der Junge, der rechts außen steht, ist Mitglied bei der Eintracht Frankfurt.
15. Das T-Shirt des Torwarts ist gelb.
16. Ein Shirt ist rot.
17. Ein Kind ist Mittelfeldspieler.

Trage auf den Bildern und in der Tabelle die folgenden Informationen ein.

- Wie heißen die Kinder?
- Welche Nummern tragen sie auf dem Trikot?
- Welche Farben haben die Shirts?
- Auf welcher Position spielen sie in der Mannschaft?
- Wie heißt ihr Lieblingsverein?

?				
Name				
Spieler-position				
Lieblings-verein				

1 Bodenbelag in einem Stadion
2 Preis am Ende eines Fußballturniers
3 Weltfußballverband (Abkürzung)
4 Tierhaut, aus der früher Fußbälle hergestellt wurden
5 Spieleranzahl einer Mannschaft
6 Das pfeift der Schiedsrichter
7 Die Mehrzahl von Stadion
8 Er hält den Ball
9 Anderes Wort für Mannschaft
10 Übungsstunden für Fußballspieler
11 Eine Spielzeit von 45 Minuten nennt man eine …
12 Ein anders Wort für Fußballstadion
13 Metallstift unter dem Fußballschuh
14 Damit kann man auch im Dunkeln Fußball spielen
15 Weiteres Wort für Fan
16 Ein Spieler tritt den Ball
17 Da sitzen die Zuschauer
18 Eine Kartenfarbe des Schiedsrichters
19 Die schauen beim Spiel zu
20 Es hängt am Tor

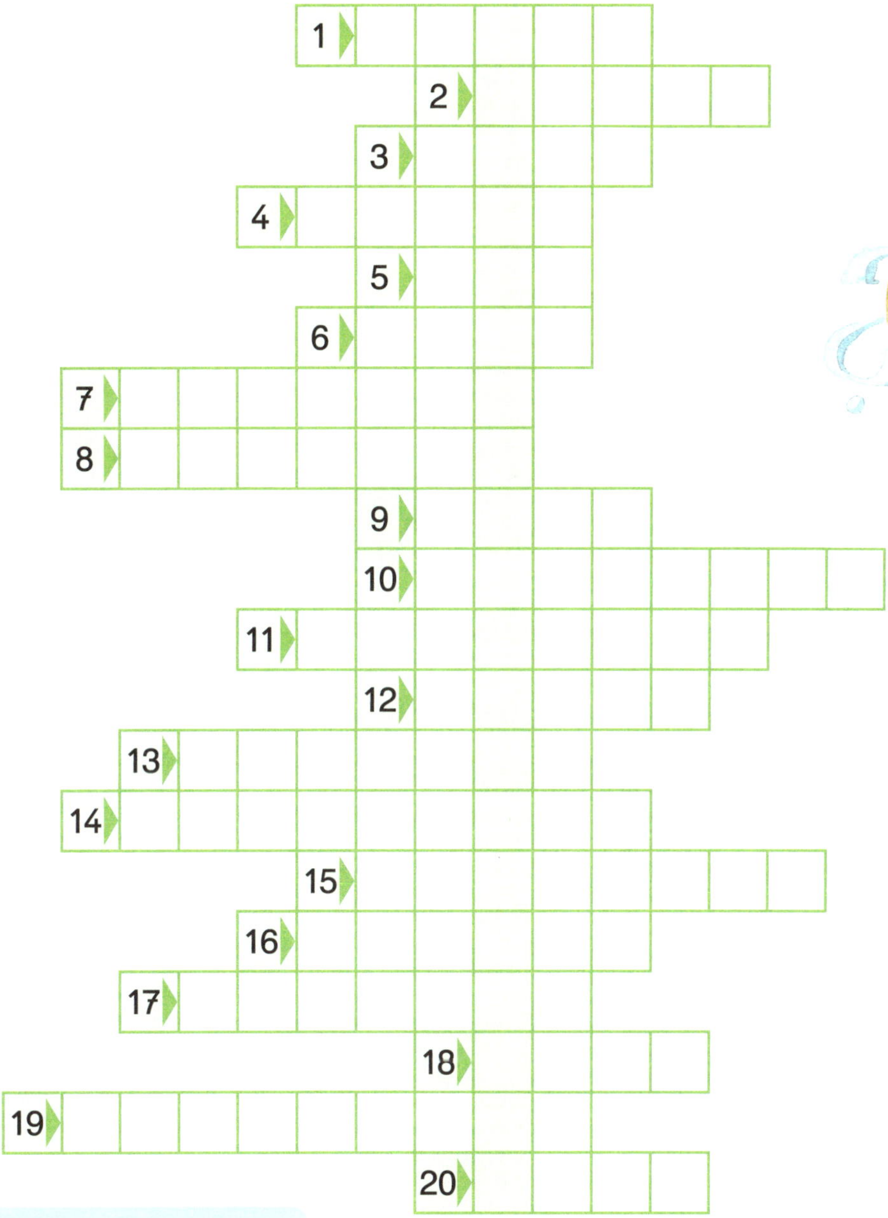

Tipp: Bei Rätseln verwendet man Großbuchstaben.

Florian geht in die vierte Klasse der Grundschule Neuhausen.
In den Pausen spielen fast alle Jungen mit großer Begeisterung Fußball.
Aber auch die Mädchen haben sich inzwischen zu Mannschaften zusammengeschlossen.
Die Rektorin Frau Huber will genau wissen, wie viele Kinder diese Sportart ausüben. Sie erstellt ein Schaubild (Diagramm).

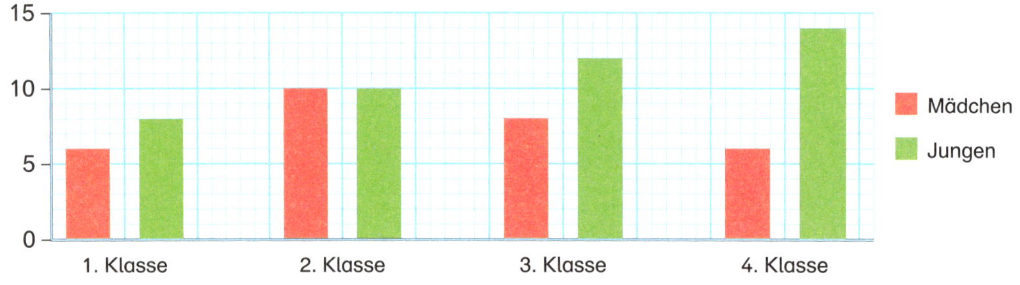

1 Wie viel mehr Jungen als Mädchen spielen Fußball? ____ Jungen

2 In welcher Klasse wird von genauso vielen Mädchen wie Jungen Fußball gespielt? ________

3 In welchen Klassen spielen gleich viele Kinder Fußball?

____

4 In Florians Klasse gehen 28 Schüler. Davon sind 17 Jungen.

a) Wie viele Jungen spielen nicht Fußball? ____ Jungen

b) Wie viele Mädchen spielen nicht Fußball? ____ Mädchen

5 Die Grundschule Neuhausen wird von 124 Schülern besucht. Die Hälfte davon sind Jungen.

a) Wie viele Jungen beteiligen sich in der Pause nicht am Fußballspiel?

____ Jungen

b) Wie viele Mädchen können sich nicht für Fußball begeistern?

____ Mädchen